KB265970

ETF의 시대

왜 아직도 종목 고민을 합니까

ETF의 시대 ― 왜 아직도 종목 고민을 합니까

초판 1쇄 인쇄 2026년 5월 1일
초판 1쇄 발행 2026년 5월 8일

지은이   정상우
펴낸이   이종두
펴낸곳   (주)새로운 제안

책임편집   엄진영, 김효선
디자인   홍정현
영업   김남권, 문성빈
경영지원   이정민

주소   경기도 부천시 조마루로385번길 122 삼보테크노타워 2002호
홈페이지   www.jean.co.kr
쇼핑몰   www.baek2.kr(백두도서쇼핑몰)
SNS   인스타그램(@newjeanbook), 페이스북(@srwjean)
이메일   newjeanbook@naver.com
전화   032) 719-8041
팩스   032) 719-8042
등록   2005년 12월 22일 제386-3010000251002005000320호
ISBN   978-89-5533-679-5 (13320)

개별 주식의 함정에서 벗어나
ETF로 성공적인 투자를 하는 방법

ETF
의 시대
왜 아직도 종목 고민을 합니까
정상우 지음

새로운 제안

투자가 기본인 시대, ETF로 시작해보자.

지금 우리는 '자산 관리'가 선택이 아닌 필수인 시대를 살고 있습니다. 그러나 무언가 시작해 보고 싶은 마음에 서점을 가보면 진열대 가득한 투자 서적들이 우리를 깊은 혼란에 빠뜨리곤 합니다. 복잡한 수식과 차트, 당장이라도 큰 부자가 될 수 있다는 화려한 미사어구는 혼란만 가져옵니다. 이런 상황에서 초보 투자자들은 첫발을 떼기도 전에 지쳐버립니다.

투자의 시작은 공부입니다. 내가 어떠한 것을 어떻게 투자할 것인가에 대한 목표를 세우고 '무엇을' 활용해서 투자할 것인가 하는 수단에 대한 고민이 있어야 합니다.

이러한 수많은 투자 수단 중에서 제가 늘 강조하는 해법은 바로 ETF상장지수펀드입니다. 개별 종목을 분석하는 수고를 덜어주면서도 시장의 흐름에 같이 할 수 있는 가장 효율적인 도구이기 때문입니다. 하지만 이 '쉬운 도구'조차도 누군가에게는 여전히 높은 벽일 수 있습니다. 용어는 생소하고, 어떤 상품을 골라야 할지 선택지는 너무나 많고 광고도 넘쳐납니다.

얼마 전 투자에 관심이 많지 않던 친형이 ETF를 이제 투자하려고 한다고 말했을 때 사람들이 이제 투자를 필수로 생각한다는 것을 알게 되었습니다. 그래서 ETF 투자자에게 더 진실되고, 확실하며, 정확한 정보를 주기 위해 원고를 썼습니다.

이 책의 원고를 시작할 때 저는 초보자도 쉽게 이해할 수 있도록 시작을 했습니다. 그런데 첫 번째 파트를 끝내고 아들에게 원고를 주었을 때 한두 장 읽던 아들이 이내 "지수가 뭐야?"라는 질문을 했습니다. 아차 하는 생각과 함께 전반적인 방향을 수정했습니다. 완벽하게 모든 걸 알려주는 것도 좋지만 핵심 위주로 중요한 것을 알려주고, 향후에 어떻게 해야하는 지에 대한 것들을 나누고 싶었습니다. 학생들도 읽고 이해할 수 있는 수준의 책을 써야 한다는 생각을 했습니다. 또한 단순히 지식을 전달하는 것이 아니라, 독자의 눈높이에서 함께 호흡하고자 글을 썼습니다. ETF 운용본부장으로서의 풀어나감이 아니라 바로 옆에서 설명해주는 투자의 조언자, 조력자로서의 역할을 하고자 하였습니다.

펀드 매니저 업무를 하면서 투자에 관한 모든 것들을 투자자들에게 알리고자 노력하였습니다. 그러한 노하우를 가지고 이 책을 썼습니다. 모든 ETF 투자자에게 도움이 되고자 합니다. ETF에 대해 꼭 알아야할 내용, 투자 시 고려해야 할 사항 등의 내용을 담았습니다.

이 책은 투자의 끝이 아니라 시작입니다. 기본서인 이 책을 읽고 나면 새롭게 나오는 ETF도 쉽게 이해하실 수 있을 겁니다. 부디 이 책을 통해 독자분들이 투자가 '두려운 도박'이 아닌, '설레는 여정'이 되기를 진심으로 바랍니다. 투자는 운이 아니라 '시스템'입니다. 이 책은 그 시스템을 만드는 견고한 벽돌이 되어줄 것입니다. 마지막 책장을 덮을 때에는 여러분은 더 이상 시장의 소음에 흔들리지 않는 단단한 투자 철학을 갖게 될 거라 확신합니다.

이 책을 써가는 과정 가운데 항상 함께 해주시고 격려해 주셨던, 비록 책의 완성은 보지 못하셨지만 제 인생의 최고의 스승이신 천국에 계신 아버지께 이 책을 바칩니다.

정 상 우

Contents

Prologue　투자가 기본인 시대, ETF로 시작해보자.　　004

PART 1　ETF 알아보기

01　ETF란?　012
02　ETF가 투자자에게 좋은 이유　016
03　ETF 이름 알아보기　023
04　ETF 상품 알아보기　035
05　ETF 관련 용어　068
06　투자 위험　074

PART 2　ETF 계좌 개설하기

01　ETF 투자 계좌의 특성　086
02　ETF 거래 준비　097
03　ETF 실전 거래　111

PART **3**　**ETF 투자하기**

01　ETF 똑똑 일기　120
02　인컴형 포트폴리오　126
03　나만의 인컴 포트폴리오(Income Portfolio) 만들기　156
04　워런 버핏 따라하기　168
05　전문투자자 따라하기　173

PART **4**　**ETF 고르기**

01　수익률 높은 ETF 고르기　184
02　순자산총액, 거래량?　188
03　최근 수익률이 좋은 상품 확인하기　194
04　신규상장 ETF 찾아보기　198
05　트렌드 ETF　205

PART **5**　**미국상장 ETF 투자하기**

01　미국 ETF 투자의 장점　228
02　미국 ETF 상품 알아보기　235

　ETF의 시대 — 왜 아직도 종목 고민을 합니까

PART 6

최적의 투자안 찾기

01   시장 수익률 추종하기   262

02   리밸런싱(Rebalancing)   269

03   ETF로 투자하는 세상   275

04   ETF를 선정하는 방법   280

본 책자는 합리적인 정보를 바탕으로 작성된 것이지만. 투자 권유의 적합성이나 완전성을 보장하지 못합니다. 따라서 투자 판단의 최종 책임은 투자자 본인에게 있으며, 본 책자는 어떠한 경우라도 법적 책임소재의 증빙으로 사용될 수 없습니다.

PART

1

ETF 알아보기

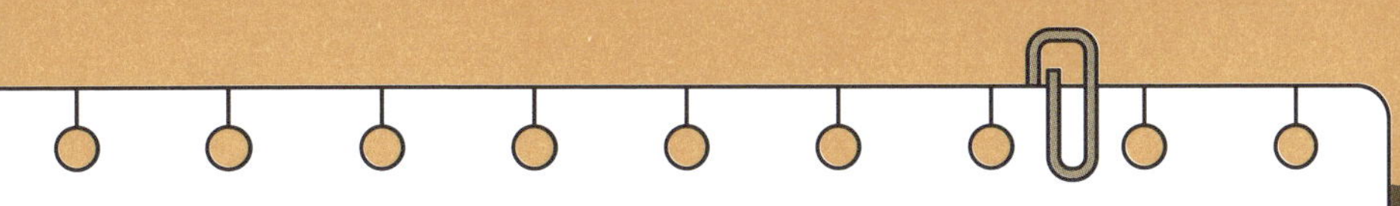

ETF란?

ETF(Exchange Traded Fund) : 상장지수집합투자기구

요즘 ETF는 주위에서 쉽게 들을 수 있는 단어가 되었습니다. ETF는 2002년 국내에 처음 상장되었으며 현재는 28개 운용사에서 1,000종목 이상이 상장되어 거래가 됩니다. 시가총액은 350조 원에 이르고 있습니다. ETF가 무엇이길래 이렇게 급속히 성장하고, 많은 사람들이 관심을 갖게 되었을까요? ETF를 우리나라 말로 하면 상장지수집합투자기구를 의미합니다. 지금부터 그 뜻을 알아보겠습니다.

ETF는 펀드입니다 → 집합투자기구

    펀드란 여러 투자자의 자금을 모아 자산운용사가 주식/채권 등에 분산 투자를 하고 그 결과를 투자자에게 돌려주는 간접 투자 상품입니다. 시장에서 개인 투자자가 주식, 채권을 종목단위로 거래하려면 많은 시간과 노력이 필요합니다. 그런데 일정 비용(보수)을 지불하면 운용사의 펀드 매니저가 투자 목적에 맞게 투자자를 대신하여 투자를 해줍니다. 개인이 가입하고, 운용사가 투자해주는 수단을 펀드라고 합니다. 펀드 투자 목적은 펀드명에 나타나 있으며 ETF도 이름을 보면 어떻게 어디에 투자하는지를 알 수 있습니다.

ETF는 지수를 추종합니다 → 지수

    지수Index란 주식, 채권, 원자재 등 여러 가지 자산들의 가격 수준을 모아서 종합적으로 표시하는 지표를 의미합니다. 코스피 지수는 한국거래소 유가증권시장에 상장된 모든 기업의 주식 시가 총액을 합산해서 만든 지표입니다. 코스피 200 지수는 그중 상위 200 종목을 선정해서 만든 지수입니다. 모든 ETF는 지수를 추종합니다.

ETF는 상장되어 거래됩니다 → 상장

ETF가 펀드의 속성을 그대로 가지고 있지만 펀드와 가장 큰 차이는 거래소에 상장되어 장내 거래가 가능하다는 점입니다. 주식을 거래하듯이 증권사를 통해서 할 수 있습니다. 삼성전자(005930)처럼 모든 ETF도 6자리의 고유의 코드를 가지고 있습니다. 거래 시간도 정규 시간의 경우 주식시장의 개/폐장 시장과 동일합니다. 국내는 아직 넥스트레이드(프리/애프터마켓: 정규시장 이외의 시장)에서는 거래가 되고 있지 않습니다(26년 3월 기준. 현재 ETF도 프리/애프터 마켓에서의 거래가 논의 중에 있습니다). 결제일자도 영업일 2일로 동일합니다. 실시간 가격도 변동합니다. 증권사 홈페이지나 트레이딩 시스템을 통해서도 정보를 얻을 수도 있고 네이버 증권에서도 바로 확인이 가능합니다.

그림 1-1 ETF 정보화면 (출처:네이버 증권)

      ETF의 시대 — 왜 아직도 종목 고민을 합니까

그림 1-1은 네이버에서 찾아볼 수 있는 RISE 200(148020) 상품에 대한 정보입니다. 당일 거래량, 거래대금, 시가총액, 수익률 등을 알 수 있습니다. 투자정보에서 기초지수, 유형, 상장일, 펀드보수, 자산운용사 등의 정보가 있다는 점이 일반 주식과 다릅니다.

대체거래소 : 넥스트레이드(NEXTRADE)

2026년 현재 우리나라의 대체거래소(넥스트레이드)는 메인마켓 전후로 프리마켓과 애프터마켓을 추가 운영하고 있습니다. 한국거래소가 독점적으로 운영하던 증권거래소가 복수의 운영체제로 바뀌면서 국내에도 다양한 서비스의 제공이 가능해졌습니다. 기존의 한국거래소에 상장된 주식을 동일하게 거래할 수 있으며, 현재는 개별 종목만을 대상으로 하여 ETF를 거래할 수는 없지만 2026년 하반기에는 ETF도 거래를 할 수 있도록 할 예정입니다.

정부는 2025년 6월 법령 정비를 통해 대체거래소(한국거래소 외, 현재는 NEXTRADE가 유일)를 통한 ETF와 상장지수증권ETN 거래를 허용하기로 결정했습니다. 대체거래소의 출범 후 일평균 거래대금과 거래량이 증가하는 등 주식시장에서 경쟁 효과가 나타난 점을 고려해 투자 상품을 확대한 것입니다 일반 증권 계좌에서도 동일하게 거래가 가능하며, 국내 증권사를 통해서 정규시장에서 하듯이 거래를 할 수 있습니다.

ETF가
투자자에게 좋은 이유

ETF는 투자자에게 장점이 많은 금융투자 상품입니다. 기존에 있던 펀드의 장점을 유지하면서 주식과 같은 플랫폼에서 거래를 할 수 있기 때문에 주식 거래를 한 번이라도 해봤다면 쉽게 투자할 수 있습니다. 투자자들에게 ETF가 좋은 이유에 대해서 좀 더 상세히 알아보겠습니다.

쉬운 투자 방법

ETF는 특정지수의 움직임을 반영하도록 설계 및 운용되는 금융투자 상품입니다. 우리나라 대표지수인 코스피 200 지수를 예를 들어보겠습니다. 이 지수는 코스피에 상장되어 있는 모든 종목 중에서 일정 조건을 만족하는 상위 200개 종목을 가지고 만든 지수입니다. 개인이 200 종목 안에 있는 모든 주식에 투자하려면 200번의 매수 주문을 내야합니다. 그러면 시간도 많이 들고 비용도 많이 듭니다. 투자자들의 편의성을 높이기 위해 자산운용사들은 이 지수의 수익률을 따라가도록 펀드를 만들고 거래소에서 거래가 될 수 있게, 즉 ETF로 출시하였습니다. 코스피 200 지수를 따르는 ETF 1주만 사도 200개 주식의 주가 흐름을 그대로 가져올 수 있습니다. 실시간 가격 변동도 그대로 반영합니다.

기존의 펀드에 비해서 투자 방법도 간단합니다. 주식 거래 계좌만 있으면 바로 투자가 가능합니다. 최근 펀드 가입은 소비자보호 절차가 강화되어서 많은 단계를 거치고 동의를 해야만 투자가 가능합니다. 하지만 ETF는 투자정보 및 구성종목 등을 공시해서 일반 펀드의 투자 불편함을 해소했습니다.

그림 1-2는 국내 주식시장 대표지수인 코스피 200 지수를 추종하는 패시브 ETF 리스트입니다.

종목코드	종목명	운용사	총보수(%)
105190	ACE200	한국투자신탁운용	0.017
434960	DAISHIN343 K200	대신자산운용	0.100
0098Z0	FOCUS200	브이아이자산운용	0.050
293180	HANARO200	엔에이치아문디자산운용	0.036
491700	HK200	흥국자산운용	0.050
472840	ITF200	아이비케이자산운용	0.080
069660	KIWOOM200	키움투자자산운용	0.050
069500	KODEX200	삼성자산운용	0.150
152100	PLUS200	한화자산운용	0.017
148020	RISE200	케이비자산운용	0.017
102110	TIGER200	미래에셋자산운용	0.050
108590	TREX200	유리자산운용	0.325
448100	WON200	우리자산운용	0.050
0007N0	아이엠에셋200	아이엠에셋자산운용	0.050
152870	파워200	교보악사자산운용	0.145

그림 1-2 코스피 200 패시브 ETF 리스트

ETF의 시대 — 왜 아직도 종목 고민을 합니까

손쉬운 해외 투자

　개인이 해외 주식에 투자하려면 환전도 필요하고, 해외 주식계좌도 만들어야 하고 거래시간도 해외 주식 개장시간에 맞춰 매매를 해야 합니다. 일본은 우리나라와 비슷한 시간대이지만 미국 시장에 투자하려면 밤 12시는 되어야 제대로 거래가 가능합니다. 또한 매매비용도 많이 듭니다. 그런데 국내 상장이 되어 있는 ETF를 통한다면 미국 S&P 500에도 우리나라 증시 개장시장에 맞춰서 원화로 투자할 수 있습니다. 또한 연금계좌 등에서는 해외 상장 주식의 직접 투자가 안되는데 ETF를 통하면 해외 주식 투자도 쉽게 가능합니다. 이는 뒤에서 더 자세히 알아보겠습니다.

쉬운 현금화

　ETF는 주식과 같은 거래 플랫폼을 활용하기 때문에 여러분들이 활용하는 증권사 어디서나 거래가 가능하며, 연금계좌 등에서 거래를 할 경우 은행에서도 거래가 가능합니다. 한국거래소에 상장되어 거래되기 때문에 주식시장이 열려 있는 동안에 실시간으로 거래가 가능하며 거래량도 제한없이 매수/매도가 가능합니다. 기존 펀드의 경우 종가로만 거래가 가능했던 점에 비해서 내가 원하는 시점에 가격을 정해서 거래를 할 수 있고 주식과 같은 결제일로 처리가 가능한 점도 투자 접근성을 쉽게 합니다.

낮은 거래 비용

일반 펀드에 비해서 ETF는 운용사가 운용해주는 펀드임에도 불구하고 보수가 매우 낮습니다. 코스피 200 패시브 ETF의 보수는 그림 1-2에서 제일 오른쪽에 나와있습니다. 총보수가 낮은 상품은 연 0.017%입니다. 일반 주식형 펀드 보수가 연 0.50% 내외라는 것을 감안하면 놀라운 수준입니다. 그래서 연금 투자와 같이 장기 투자 시에는 더욱 유리합니다.

일부 운용사들은 최근에 장기 투자자들에게 적합하도록 주요지수 상품들의 총보수를 굉장히 낮은 수준으로 인하했습니다.

        ETF의 시대 ─ 왜 아직도 종목 고민을 합니까

분산 투자

개별 종목 주식에 투자하기 위해서 투자자는 다양한 정보를 가지고 분석을 하고 투자를 해야 합니다. 그런데 S&P 500 지수 정도의 수익률을 원하거나 코스피 200, 코스닥 150 지수 정도의 수익률을 원하는 투자자라면 ETF가 좋은 분산 투자의 대안이 될 수 있습니다. 1주만 사도 지수에 포함된 전 종목을 사는 효과를 볼 수 있기 때문에 적은 투자금으로 분산 투자가 가능합니다. 또한 최근에는 특정 테마, 섹터, 채권, 파생을 추종하는 상품들도 많이 생겨서 기관 투자자와 같은 포트폴리오 구축도 가능합니다.

소액 투자 가능

적은 금액으로도 전체지수 투자가 가능합니다. 현재 국내에 상장된 ETF는 1주당 가격이 10만 원 이하가 대부분입니다. 10만 원으로 미국 S&P 500을 추종할 수 있고, 코스피 200을 추종할 수 있는 상품이 있다는 것은 적은 돈으로도 다양한 분산 투자가 가능하다는 점을 보여줍니다.

ETF와 주식, 인덱스(패시브, 지수) 펀드와 액티브 펀드의 차이점을
요약하면 다음과 같습니다.

구분	ETF	주식	인덱스 펀드	액티브 펀드
운용 목표	특정인덱스	인덱스초과수익	특정인덱스	인덱스초과수익
법적 성격	집합투자증권	지분증권	집합투자증권	집합투자증권
투명성	높음	높음	보통	보통
유동성	높음	높음	낮음	낮음
결제일	T+2	T+2	T+3	T+3
증권대차	가능	가능	불가	불가
레버리지 기능 (증거금매입)	가능	가능	불가	불가
거래 비용	위탁수수료 운용보수 (약 0.5%)	위탁수수료	운용보수 (1~2%)	운용보수 (2~3%)
전 증권사 거래	가능	가능	판매사 한정	판매사 한정
시장 위험	시장위험	시장/개별위험	시장위험	시장/개별위험
분산 투자	가능	불가	가능	가능
증권거래세	면제	매도 시	적용배제	적용배제

그림 1-3 금융 상품과의 비교 (출처: 한국거래소 홈페이지)

　　　　　ETF의 시대 — 왜 아직도 종목 고민을 합니까

03

ETF
이름 알아보기

ETF는 운용사가 목적에 맞게 운용하는 상품입니다. 운용사들은 ETF의 이름에 투자자들이 한눈에 알아보기 쉽게 다양한 정보를 포함하였습니다. 이름만 봐도 어떤 지수를 추종하는지, 어떻게 투자하는지를 알 수 있습니다.

KODEX 미국S&P500액티브(H)
① ② ③ ④ ⑤

① **KODEX** : 삼성자산운용의 ETF 브랜드입니다.

② **미국** : 투자 지역을 설명합니다. 우리나라 투자는 투자 지역이 생략되어 있습니다.

③ **S&P 500** : 수익률 추종지수에 대한 설명입니다.

④ **액티브** : 단순히 지수만 추종하지 않고 추가 전략을 통해 추가적 수익을 추구합니다.

⑤ **(H)** : 환율 움직임에 따른 성과 변화가 없게 하기 위해 환헤지를 한 상품입니다.

RISE 미국30년국채엔화노출(합성H)
① ② ③ ④ ⑤

① **RISE** : KB자산운용의 ETF 브랜드입니다.

② **미국** : 투자 지역을 설명합니다. 우리나라 투자는 투자 지역이 생략되어 있습니다.

③ **30년국채** : 수익률 추종 금융투자 상품(지수)에 대한 설명입니다.

④ **엔화노출** : 일본 엔화의 움직임에 따라 성과가 움직인다는 의미입니다.

 ETF의 시대 ― 왜 아직도 종목 고민을 합니까

⑤ **(합성H)** : 스왑계약을 통해 간접운용을 합니다. 환율 움직임에 따른 성과 변화를 없게 하기 위해(이 상품은 달러와 엔화사이의 변동성을 없앴습니다) 환헤지를 한 상품입니다.

TIGER 미국나스닥레버리지(합성)
① ② ③ ④ ⑤

① **TIGER** : 미래에셋자산운용의 ETF 브랜드입니다.

② **미국** : 투자 지역을 설명합니다. 우리나라 투자는 투자 지역이 생략되어 있습니다.

③ **나스닥** : 수익률 추종지수에 대한 설명입니다.

④ **레버리지** : 지수 일간 수익률의 2배 수익률을 추종합니다.

⑤ **(합성)** : 스왑계약을 통해 간접운용을 합니다.

ETF 브랜드 찾기

ETF를 검색하면 가장 먼저 나오는 것은 운용사의 ETF 브랜드입니다. ETF는 펀드 상품이기 때문에 패시브 지수추종 상품이라고 하더라도 운용사의 역량이 다양하게 나타날 수 있습니다. 그래서 같은 지수를 추종하더라도 여러 회사에서 동일한 이름의 ETF를 출시합니다. ETF 브랜드와 운용사는 다음과 같습니다(2025년 기준).

1Q (하나자산운용)	ACE (한국투자 자산운용)	BNK (BNK자산운용)
DAISHIN343 (대신자산운용)	FOCUS (브이아이자산운용)	HANARO (NH아문디자산운용)
HK (흥국자산운용)	ITF (IBK자산운용)	KCGI (KCGI자산운용)
KIWOOM (키움투자자산운용)	KODEX (삼성자산운용)	KoAct (삼성액티브자산운용)
PLUS (한화자산운용)	RISE (KB자산운용)	SOL (신한자산운용)
TIGER (미래에셋자산운용)	TIME (타임폴리오자산운용)	TREX (유리자산운용)
TRUSTON (트러스톤자산운용)	UNICORN (현대자산운용)	VITA (한국투자밸류자산운용)
WON (우리자산운용)	더제이 (더제이자산운용)	마이다스 (마이다스에셋자산운용)
마이티 (디비자산운용)	아이엠에셋 (아이엠에셋자산운용)	에셋플러스 (에셋플러스자산운용)
파워 (교보악사자산운용)		

표 1-1 ETF 브랜드와 운용사

　　　　　ETF의 시대 — 왜 아직도 종목 고민을 합니까

액티브 ETF란?

ETF는 인덱스를 추종하는 펀드이기 때문에 패시브(지수추종) 운용이 기본입니다. 액티브 ETF는 기존의 일반적인 패시브 ETF와 달리 펀드매니저의 적극적인 운용을 통해서 추종지수 수익률 이상을 목표로 하는 상장지수 집합투자기구입니다. 액티브 ETF는 ETF 이름에 '액티브'라고 표시되어 있습니다. 액티브 명칭이 없으면 패시브입니다. 액티브 ETF의 장점은 운용사 펀드매니저의 역량에 따라 초과 수익이 가능하다는 점입니다. 다만 지수와의 수익률 움직임이 다를 수 있어 액티브 ETF에 투자할 때는 편입 자산 구성 및 운용이 어떻게 이루어지는지 잘 확인해야 합니다.

NOTE ·········· **액티브 ETF의 역사**

국내 ETF 시장에 액티브 ETF란 것이 등장한지는 불과 몇 년 전 일입니다. 미국의 경우 2008년에 액티브 ETF 시장이 열렸는데 국내는 본격적으로 2020년에 주식형 액티브가 열리는 길이 제도적으로 보완되었습니다.

미국에서 채권 ETF 시장이 커지면서 패시브 운용의 어려움이 발생했습니다. 채권시장은 장외거래가 기본인 시장입니다. 장외는 유동성이 떨어져 원하는 종목을 원할 때 사거나 팔기가 힘듭니다. 추종지수를 복제하여 운용하는 것에 대한 어려움이 있었습니다. 채권 운용의 특수성을 반영하여 채권형 ETF는 액티브로 상장하여 규제의 일부를 완화해 주었습니다. 기존 법에서 ETF는 보유 종목을 다 공개해야 하는데 채권은 종목 공개에 따른 전략의 노출에 대한 성과의 차이가 주식보다는 적었기 때문에 공개 부담도 적었습니다.

2019년 미국에서 주식형 액티브 ETF를 활성화하기 위한 법 개정이 있었습니다. 액티브 ETF의 경우 일간 편입종목 공개의무를 면제해줬고, 이로 인해 액티브 ETF는 본격적으로 시장이 형성되었습니다. 이후 미국의 증권거래위원회에서는 추가적으로 포트폴리오의 일부만 공개하는 것도 액티브 ETF에서 허용하면서 본격적으로 시장이 커졌습니다. 국내는 2020년 7월 한국거래소가 주식형 액티브 ETF가 출시 가능하도록 제도 정비를 하였고, 기초지수가 아니라 비교 지수를 사용하게 했으며 ETF와 비교 지수의 상관계수가 0.7이상 유지하도록 하여 패시브에 대비해서 어느 정도 변동성에 노출될 수 있도록 하였습니다. 최근에 액티브 ETF는 비교 지수와의 상관계수를 폐지하거나 낮추는 방안에 대해서도 검토하고 있습니다.

현재 패시브/액티브 모두 편입 종목을 일간으로 공개를 하고 있으며, 각 운용사 홈페이지 등에서 정보를 확인할 수 있습니다. 그림 1-4는 타임폴리오자산운용의 코스피액티브 ETF 설명 홈페이지 화면입니다. 그림 1-5는 보유내역

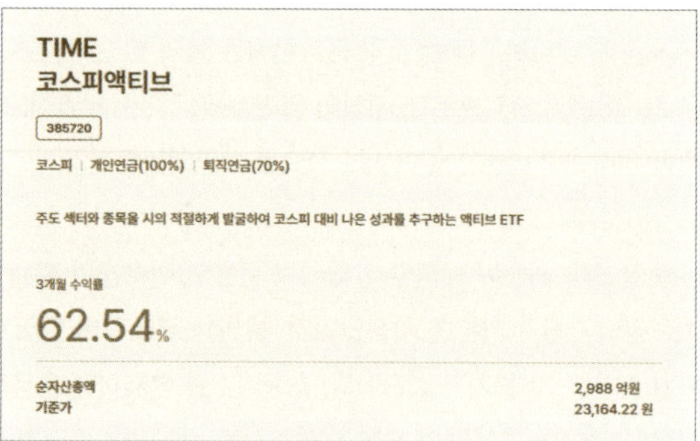

그림 1-4 TIME 코스피액티브 홈페이지
(출처: TIMEFOLIO 홈페이지, 2026년 2월 27일 기준)

 ETF의 시대 — 왜 아직도 종목 고민을 합니까

현황입니다. 전체 투자는 엑셀로도 다운받을 수 있으며, 일자별로도 조회가 가능합니다. 우리나라 시가총액 1위가 삼성전자인데, 현재는 하이닉스 비중이 가장 높은 것만 봐도 일반 지수추종형 ETF와는 확실히 차별화가 된다는 사실을 알 수 있습니다.

액티브 ETF에 대한 내용 검색은 그림 1-4처럼 각 회사 홈페이지에서 바로 확인이 가능합니다. ETF 이름에 액티브가 있고, 목적에도 "코스피 대비 나은 성과를 추구"한다고 되어있습니다.

그림 1-5는 2026년 2월 27일 기준으로 실제로 운용하고 있는 포트폴리오 비중입니다. 코스피를 추종하지만 코스피의 시가총액 비중과는 다릅니다. 이렇게 운용 매니저의 전략이 들어있음을 알 수 있습니다.

종목코드	종목명	비중(%)
000660	SK하이닉스	24.05
005930	삼성전자	21.68
005380	현대차	5.73
402340	SK스퀘어	4.98
440110	파두	3.83
000150	두산	3.81
006800	미래에셋증권	3.73
267270	HD건설기계	2.73
012450	한화에어로스페이스	2.06
277810	레인보우로보틱스	2.04

그림 1-5 TIME 코스피액티브 PDF 구성현황
(출처: TIMEFOLIO 홈페이지, 2026년 2월 27일 기준. 상위 종목만 표시)

환헤지 상품

국내에 상장된 ETF는 가격이 원화로 표시되고, 원화로 거래됩니다. 해외 투자 상품의 경우에도 원화로 거래가 가능합니다. 다만 해외 투자 상품에 대해서는 투자 지역에 따라 투자자들에게 직관적으로 이해할 수 있게 국가 이름이 들어갑니다. 미국 S&P 500지수를 추종하는 ETF는 상품명에 '미국 S&P 500'이 공통적으로 들어가 있습니다.

일부 종목명의 마지막에는 '(H)'가 들어가 있습니다. (H)는 환헤지가 되어있다는 것입니다. 헤지Hedge란 환율 변동으로 인한 손실을 회피하기 위해 현재 시점에 미래의 환율을 고정시키는 것을 의미합니다. 미국에 투자하는 상품은 미국 달러로 현지에 직접 투자를 해야 하는데, 투자자가 원화로 ETF를 사기 때문에 운용사는 투자금을 미국 달러로 환전을 합니다. 그런데 원/달러 환율이 변동성이 크면 지수 수익률에 환율 움직임까지 같이 영향을 줍니다. 그래서 환헤지형 상품이 등장했습니다. 헤지를 하게 되면 일부 비용이 발생하지만(한국과 미국의 금리 수준에 따라 이익이 발생할 수도 있습니다) 실제 해외지수의 수익률과 더 비슷하게 움직입니다.

　　　　ETF의 시대 — 왜 아직도 종목 고민을 합니까

그림 1-6 환헤지 여부에 따른 성과 차이 (주식형) (출처 : FunETF, 2025년 12월 31일 기준)

그림 1-6은 미국 S&P 500에 투자하는 ETF의 2024년부터 2025년말까지의 성과를 나타낸 차트입니다. 해당 기간 동안에는 원화 환율이 약세를 보였기 때문에 환헤지를 하지 않은 ETF의 성과가 누적 수익률이 더 높게 나타났습니다. 그림 1-7은 2025년 한 해 미국 장기 국채 ETF의 환헤지 여부에 따른 성과입니다. 수익률 변동성은 환헤지 상품이 낮습니다.

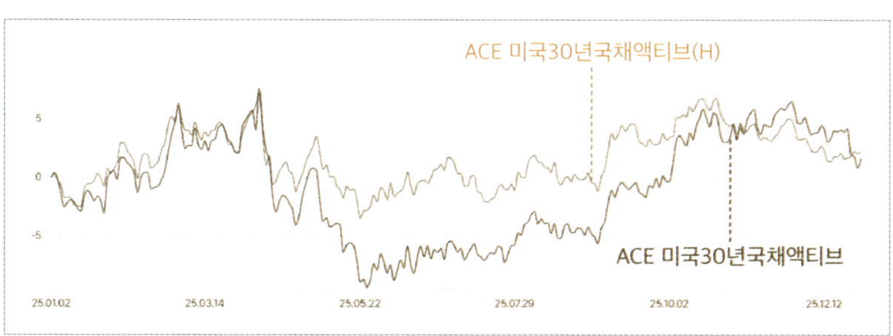

그림 1-7 환헤지 여부에 따른 성과 차이 (채권형)
(출처 : FunETF, 2025년 12월 31일 기준)

합성 ETF

　합성 ETF란 자산운용사가 직접 해당하는 현물(주식, 채권 등)을 운용하는 것이 아니라 증권사와 장외파생 상품(SWAP계약: 서로 약속된 것을 일정 시점에 조건에 맞춰 교환하는 거래)을 통해 증권사로부터 목표한 지수의 수익률을 제공받는 형태로 간접 운용되는 ETF를 뜻합니다. 합성형도 투자자들이 바로 확인할 수 있게 ETF 이름에 '합성'이라는 단어가 들어갑니다.

　그림 1-8은 RISE CD 금리액티브(합성)의 PDF Portfolio Deposit File : 납부자산구성내역입니다. 해당 ETF는 (합성)형으로 운용되고 있습니다. 투자 내역에는 스왑과 원화예금이 들어 있습니다. 해당 ETF는 CD(양도성예금증서)에 직접 투자를 하지 않고 증권사와의 스왑계약 등을 통해서 CD 수익률에 해당하는 성과를 받아 투자자에게 제공하고 있습니다.

종목명	비중(%)
스왑(메리츠증권)	45%
스왑(키움증권)	14%
스왑(하나증권)	5%
스왑(한국투자증권)	2%
원화예금	33%

그림 1-8　RISE CD 금리액티브(합성) PDF
(출처 : www.riseetf.co.kr, 2025년 12월 30일 기준)

파생 상품

파생派生은 '사물이나 현상이 본체로부터 갈려 나와 생기는 것'이라는 사전적 의미를 가집니다. 주식/채권/원유 등과 같이 현물에서 유래된 것을 **파생 상품**이라 합니다. 파생 상품은 그래서 영어로 derivatives라고 하는데 '유래하다'라는 단어를 시초로 삼고 있습니다.

파생 상품은 현물(기초자산)의 가격 변화에 따라 가격이 변하게 만든 금융 상품입니다. 처음의 시작은 농산물 등에서 출발하였습니다. 필요한 물건을 시장에 가서 물건값을 지불하고 물건을 구매하는 것을 '**현물거래**'라고 합니다.

이와 달리 현재 물건이 필요하지는 않지만 일정 기간 이후 예를 들면 3개월, 6개월 혹은 1년 후에 물건이 필요한 상황이 있습니다. 이 때 현재 시점에서 해당 물건값과 인도날짜 등을 정해서 계약을 체결하고 약속된 날짜에 계약한 대로 물건과 대금을 교환하는 거래를 만들 수 있습니다. 우리나라의 농작물 밭떼기 거래와 비슷한 개념인데 이를 전문용어로 '**선도거래** Forward'라고 합니다.

선물거래 Futures는 이러한 선도거래가 발전하여 표준화된 상품을 거래소라는 기관을 통해 거래를 체결하는 것을 말합니다. 이때 거래소는 투자자들이 표준화된 상품을 거래소가 정한 규정과 절차에 따라 거래하도록 하며 거래의 이행을 보증하는 역할을 하게 됩니다.

옵션 option은 미리 정한 가격으로 사거나 팔 수 있는 권리를 의미합니다.

스왑 swap은 정해진 조건에 따라 서로가 가지고 있는 것을 바꾸는 거래를 의미합니다.

현물을 가지고 서로 약속한 거래를 하는 점에서 모두 파생거래라고 합니다.

레버리지/인버스 ETF

　레버리지와 인버스는 수익률에 관련된 용어입니다. 일반적인 ETF는 지수를 추종합니다. 레버리지/인버스는 추종 배수가 있습니다. 일반적 ETF 수익률을 추종 배수와 비슷하게 하는 것을 목표로 합니다. 특히 1일 수익률에 대한 배수를 추종하는 만큼 장기 투자에 있어서는 예상과 다른 움직임을 보일 수 있습니다.

　레버리지 2배 ETF는 일간 수익률 변동성의 2배 수익률을 추종하며 인버스 1배의 경우 일간 수익률을 반대 방향으로 1배 추종합니다. 레버리지/인버스는 주로 선물 상품을 이용하거나 합성형으로 운용되기 때문에 수익률의 차이가 발생할 수 있습니다. 레버리지는 뒤에서(41 페이지) 더 자세하게 다루겠습니다.

ETF의 시대 ― 왜 아직도 종목 고민을 합니까

04

ETF 상품 알아보기

ETF는 투자하는 대상에 따라서 다양하게 분류가 가능합니다. 자산군 별로 국내/해외 투자 상품이 어떻게 구분되어 있는지를 살펴보겠습니다.

주식형

ETF는 주식을 기초로 한 상품이 가장 많습니다. 국내/해외에 다양한 상품이 있습니다. 기존 주식형 펀드에 비해서 투자 종목을 빠르게 볼 수 있으며 ETF만을 활용해서도 다양한 투자 전략을 만들 수 있습니다.

1. 시장대표지수

주식시장을 대표하는 종목들로 구성된 지수를 추종하는 ETF입니다. 국내는 코스피 200을 추종하는 ETF들이 운용회사별로 다양하게 상장되어 있습니다. 미국은 S&P 500, 나스닥 100 같은 지수를 추종하는 종목들이 있습니다. 중국, 멕시코, 인도네시아, 필리핀, 러시아, 베트남, 일본, 독일, 인도 등 개별국가의 대표지수를 추종하는 상품은 물론이거니와 선진국/신흥국 지수를 추종하는 ETF도 있습니다.

모든 ETF는 추종지수가 이름에 들어가서 어떤 것을 추종하는지 알 수 있습니다. 그런데 예외가 있습니다. 코스피 추종지수 상품에는 "KOSPI"가 생략되어 있습니다. 우리나라에 처음 출시된 상품이 KODEX 200, KIWOOM 200입니다. 2002년 10월 14일에 상장되었는데 이들에는 추종지수 명칭 없이 200이라는 숫자만 있습니다. 당시만 해도 ETF 시장이 이렇게 다양하게 발전할 줄 몰랐으며 그래서 사람들에게 더 쉽게 다가가기 위해서 만들었습니다.

KODEX 200, TIGER 200, RISE 200, ACE 200, PLUS 200 등 모두 코스피 200 지수 추종 상품입니다.

코스피 200

대한민국 주가지수 중 하나입니다. 코스피와 마찬가지로 시가총액 비중으로 구성되어 있으며, 6월 두 번째 금요일에 종목 리밸런싱Rebalancing(시간이 흐르면서 변화한 종목 투자의 비중을 미리 정해둔 목표 비율로 다시 조정하는 과정)을 합니다. 대한민국의 산업별 최우선 주식으로 200 종목을 선정하여 나타낸 지수로 코스피 대비 대표성이 높은 지수입니다. 실제로 코스피 200의 구성 종목이 코스피 전체 시가총액의 높은 수준을 차지하기 때문에 두 지수는 비슷하게 움직입니다. 주식 선물/옵션 시장은 코스피 200을 기초자산으로 하는 경우가 많습니다.

그림 1-9는 미국을 제외한 개별 해외국가 대표지수에 투자하는 상품들입니다. 각 나라들의 이름과 함께 그 나라의 어느 지수에 대해서 투자하는지 나와 있습니다.

종목코드	종목명
472350	1Q 차이나H(H)
291130	ACE MSCI멕시코(합성)
256440	ACE MSCI인도네시아(합성)
261920	ACE MSCI필리핀(합성)
265690	ACE 러시아MSCI(합성)
245710	ACE 베트남VN30(합성)
238720	ACE 일본Nikkei225(H)
168580	ACE 중국본토CSI300
411860	KIWOOM 독일DAX
200250	KIWOOM 인도Nifty50(합성)
453810	KODEX 인도Nifty50
101280	KODEX 일본TOPIX100
283580	KODEX 차이나CSI300
099140	KODEX 차이나H
379790	RISE 유로스탁스50(H)
310080	RISE 중국MSCI China(H)
463300	RISE 중국본토CSI300
250730	RISE 차이나HSCEI(H)
195930	TIGER 유로스탁스50(합성 H)
453870	TIGER 인도니프티50
236350	TIGER 인도니프티50레버리지(합성)
195920	TIGER 일본TOPIX(합성 H)
192090	TIGER 차이나CSI300
245360	TIGER 차이나HSCEI

그림 1-9 해외 대표지수 투자 ETF (레버리지/인버스 상품 제외)

  ETF의 시대 — 왜 아직도 종목 고민을 합니까

시장대표지수의 수익률을 더 높게 하고 싶으면 레버리지(일간 수익률의 2배 목표), 떨어질 것 같으면 인버스(일간 수익률의 역방향 1배 목표)에 투자가 가능합니다. 우리나라의 경우 개별 종목 레버리지 ETF는 허용되지 않고 있습니다(2026년 상반기에 단일 종목 레버리지가 상장 예정입니다). 국내에서는 대표지수/섹터지수 등으로 구성된 상품만 있습니다(해외는 개별 종목 2배 상품도 존재합니다. 테슬라 2배 추종 ETF는 우리나라 투자자 비중이 높은 종목이기도 합니다).

그림 1-10은 레버리지 이름으로 상장되어 있는 ETF 리스트입니다. 국내대표지수 뿐만 아니라 해외 대표지수도 레버리지 상품이 많이 있습니다.

종목코드	종목명
152500	ACE 레버리지
196030	ACE 일본TOPIX레버리지(H)
219900	ACE 중국본토CSI300레버리지(합성)
304780	HANARO 200선물레버리지
306530	HANARO 코스닥150선물레버리지
253250	KIWOOM 200선물레버리지
291630	KIWOOM 코스닥150선물레버리지
306950	KODEX KRX300레버리지
122630	KODEX 레버리지
409820	KODEX 미국나스닥100레버리지(합성 H)
453820	KODEX 인도Nifty50레버리지(합성)

204450	KODEX 차이나H레버리지(H)
233740	KODEX 코스닥150레버리지
253150	PLUS 200선물레버리지
252400	RISE 200선물레버리지
278240	RISE 코스닥150선물레버리지
267770	TIGER 200선물레버리지
123320	TIGER 레버리지
225040	TIGER 미국S&P500레버리지(합성 H)
418660	TIGER 미국나스닥100레버리지(합성)
225050	TIGER 유로스탁스레버리지(합성 H)
225060	TIGER 이머징마켓MSCI레버리지(합성 H)
236350	TIGER 인도니프티50레버리지(합성)
204480	TIGER 차이나CSI300레버리지(합성)
233160	TIGER 코스닥150 레버리지

그림 1-10 대표지수 레버리지 상품

ETF 이름을 보면 레버리지/인버스 상품 구분이 가능합니다. '레버리지'라고만 있으면 코스피 레버리지입니다. 선물Futures 레버리지가 있는데, 이 상품은 파생금융 상품을 활용해서 운용하는 방식입니다. 수익률 목표는 동일합니다. 기존에는 개인 투자자에게 2배 수익률을 추종할 수 있는 방법이 직접 파생금융 상품 등을 이용하는 방법밖에 없었지만 ETF를 통해 쉽게 할 수 있게 되었습니다.

 ETF의 시대 — 왜 아직도 종목 고민을 합니까

레버리지 수익률 이해하기

레버리지 ETF는 기초지수의 일별 수익률의 2배를 추종합니다. 여기서 중요한 것은 일정 기간 누적 수익률의 2배수로 연동되지 않는다는 점입니다. 즉, 장기 투자를 할수록 지수의 수익률과 내가 투자한 ETF의 수익률이 달라질 수 있습니다. 다음 표를 봅시다.

날짜	기초지수 변화	레버리지 ETF 가격 변화
1일	1000	1000
2일	900 (10% 하락)	800 (20% 하락)
3일	990 (10% 상승)	960 (20% 상승)
4일	1089 (10% 상승)	1152 (20% 상승)
누적기간수익률	8.9%	15.2%

기초지수가 하루에 10%씩 변하는 시장이라고 가정하고 첫날 투자를 종가에 하고 2일째 10% 하락, 3일째 10% 상승, 4일째 10% 상승하면 투자 기간 동안의 수익률은 8.9%가 됩니다. 기간 수익률의 2배를 추종한다면 레버리지 ETF의 수익률은 8.9%의 2배인 17.8%가 되어야하지만 실제로는 레버리지 ETF의 가격 변화를 보면 일간 수익률의 2배를 추종하기 때문에 15.2%만의 수익률을 얻게됩니다. 장기 투자를 할수록 차이가 크게 발생하기 때문에 장기 투자 시 주의해야 합니다.

한 종목에만 집중 투자하는 레버리지 펀드는 위험성이 높기도 합니다. 2025년도에는 실제로 하루만에 상장폐지 절차에 들어간 종목도 있었습니다. IONQ(미국의 양자 컴퓨터 기업) 3배 레버리지 ETF(Leverage Shares 3x Long IONQ ETP)가 영국에 상장되어 있었는데 1월 9일 하루에 39%가 하락하면서 1일 수익률의 3배를 추종하다 보니 -100%가 넘게 되어 상장폐지 절차를 밟게 된 사례가 있었습니다.

2. 업종섹터지수 - 전통적 분류에서 최신 트렌드까지

업종섹터는 주식시장에서 개별 기업들을 분류할 때 산업군별로 분류한 대분류 기준입니다. 이는 투자 시 산업 흐름과 특성을 보다 쉽게 파악하도록 도와줍니다. 한국거래소 ETF 내에서 하위 분류로는 건설, 중공업, 산업재, 금융, 에너지화학, 경기소비재, 생활소비재, 헬스케어, 정보기술, 철강소재, 업종테마, 자유소비재, 커뮤니케이션서비스가 있습니다.

그림 1-11은 KODEX에서 상장한 섹터지수 ETF입니다. 국내의 경우 섹터 분류를 따라 다양한 종목들이 상장되어 있고, 해외의 경우 주로 미국 중심으로 상장되어 있습니다.

업종지수 ETF에서 어떤 종목에 세부적으로 투자하는지를 확인하기 위해서 가장 좋은 방법은 개별 회사 홈페이지를 방문하여 검색하는 것입니다. ETF는 투명한 운용을 하기 위해 보유종목에 대한 정보를 매 영업일 기준으로 공시를 하고 있습니다.

예를 들어 반도체 섹터 투자 ETF를 보겠습니다. 〈KODEX 반도체〉 ETF를 삼성자산운용 홈페이지에 들어가서 보유내역을 보면 지수에 속하는 종목을 분산하여 투자하고 있음을 알 수 있습니다. 그림 1-12를 보면 어떠한 곳에 얼마만큼 투자하는지도 알 수 있습니다. 현재는 하이닉스 투자 비중이 29.21%로 가장 높습니다.

   ETF의 시대 — 왜 아직도 종목 고민을 합니까

종목코드	종목명
266370	KODEX IT
117700	KODEX 건설
266390	KODEX 경기소비재
102960	KODEX 기계장비
091160	KODEX 반도체
140700	KODEX 보험
117460	KODEX 에너지화학
140710	KODEX 운송
091170	KODEX 은행
091180	KODEX 자동차
102970	KODEX 증권
117680	KODEX 철강
266410	KODEX 필수소비재
266420	KODEX 헬스케어
453660	KODEX 미국S&P500경기소비재
453650	KODEX 미국S&P500금융
200030	KODEX 미국S&P500산업재(합성)
218420	KODEX 미국S&P500에너지(합성)
463690	KODEX 미국S&P500커뮤니케이션
463680	KODEX 미국S&P500테크놀로지
453630	KODEX 미국S&P500필수소비재
453640	KODEX 미국S&P500헬스케어
185680	KODEX 미국S&P바이오(합성)

그림 1-11 업종섹터 ETF

그림 1-12는 KODEX 반도체 편입 종목 구성 현황입니다. 보유 전체 종목이 36 종목이며 그 중 1.5% 이상 보유한 종목의 리스트입니다.

종목코드	종목명	비중
000660	SK하이닉스	29.21%
005930	삼성전자	22.14%
042700	한미반도체	7.44%
058470	리노공업	4.11%
039030	이오테크닉스	3.04%
240810	원익IPS	2.91%
000990	DB하이텍	2.78%
403870	HPSP	2.11%
222800	심텍	1.69%
089030	테크윙	1.66%
098460	고영	1.65%
067310	하나마이크론	1.64%
095340	ISC	1.51%

그림 1-12 KODEX 반도체 보유 내역
(출처: 삼성자산운용 홈페이지, 2025년 12월 30일 기준)

새로운 기업들이 계속 나오면서 기존 분류보다 세분화되거나 신규 섹터 ETF들이 나오고 있습니다. 2025년만 하더라도 양자컴퓨터에서 시작해서 AI, 전력인프라, 바이오, 방산, 원자력 같이 투자

 ETF의 시대 — 왜 아직도 종목 고민을 합니까

자들의 자금이 몰리는 다양한 섹터에 투자하는 ETF가 나왔고 테슬라, 엔비디아, 팔란티어 등 개별 해외 종목을 투자하는 개인들을 대상으로 하는 ETF도 출시가 되었습니다. 단, 이름만 보고는 세부적으로 어떠한 주식에 투자하는지 전부 알 수는 없습니다. 그렇기 때문에 ETF를 투자하기 전에 각 회사의 홈페이지나 한국거래소 사이트, 네이버 증권과 같은 곳에 들어가서 어떤 비중으로 어떻게 투자하는지를 분석해야 합니다.

그림 1-13은 인기 섹터를 한 번에 볼 수 있는 ETF Check 사이트입니다(www.etfcheck.com). ETF에 투자자 관심이 높아지면서 거래

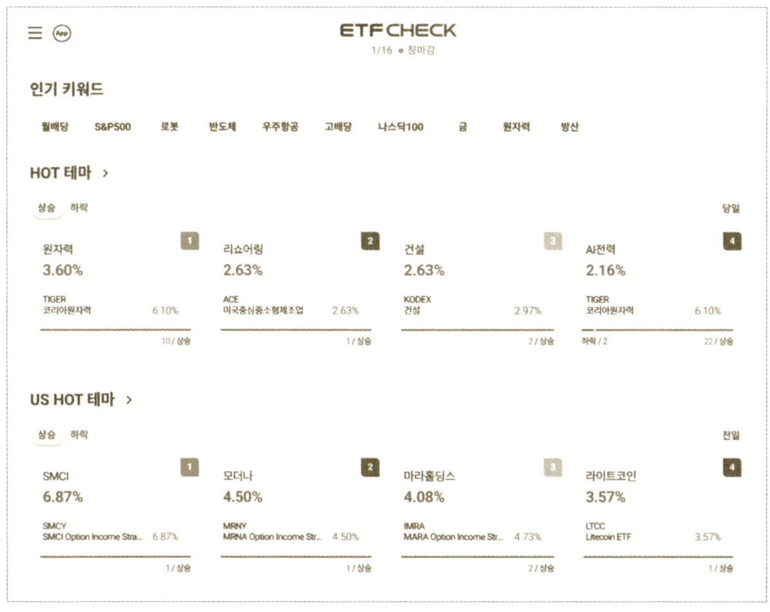

그림 1-13 ETF Check 사이트

소가 최대주주인 KOSCOM에서 만든 사이트로 정보가 빠르고 정확합니다(모바일 앱도 있습니다. 앱스토어나 구글플레이스토어에서 ETF Check를 검색하면 됩니다).

> ## 국내는 단일 종목 투자 ETF가 없나요?
>
> 2026년 상반기에 단일 종목에만 투자하는 레버리지 상품이 출시될 예정입니다. 이전까지는 투자자들의 필요에 맞춰 특정 종목 비중을 가능한 범위에서 최대로 투자하고 '밸류체인', '고정테크'와 같이 관련된 회사에 분산하여 투자하는 ETF만 허용되었습니다.
>
> 국내는 펀드가 분산 투자가 중요한 속성이라고 생각하기에 단일 종목 투자 ETF가 허용되지 않았습니다. 그러나 해외에서 삼성전자, SK하이닉스 등을 대상으로 한 단일 종목 레버리지 상품이 인기를 끌면서 2026년에 본격적으로 국내도 도입 관련 논의가 시작되었습니다. 지금까지 우리나라에는 TOP3 / TOP10과 같이 일부 종목에 분산 투자하는 ETF 상품이 있었습니다. 현행 규정상으로는 최소 10 종목 이상으로만 투자하도록 되어있어서 TOP3를 하는 경우 채권혼합 등으로 출시하여 10 종목 이상으로 구성되어 있습니다. 다만 일부 종목의 경우 예외도 있습니다. 금현물, 선물추종 ETF의 경우 단일 종목을 추종하기도 합니다.

3. 가치/성장/배당 전략운용

주식펀드를 기존에 투자했던 투자자라면 가치주/성장주/배당주라는 단어를 많이 들어봤을 겁니다. ETF 이름에 해당 단어가 들어가 있으면 이름에 따라 전통적인 액티브 펀드의 기업분류를 활용한 지수를 추종하며 운용합니다. 가치주는 저평가되어 있는 주식, 성장주는 향후 기업의 성장 가능성이 높은 주식, 배당주는 주주친화적으로 안정적 배당을 제공하는 기업의 주식을 의미합니다. 각 ETF별로 이름에 아래와 같은 단어를 포함하는 경우가 많습니다.

- 성장주 ➡ 모멘텀, 성장
- 가치주 ➡ 가치주, 밸류, 우량가치
- 배당주 ➡ 고배당주, 배당성장, 배당귀족, 배당 플러스

최근에는 고배당주 관련 상품이 투자자들에게 인기가 좋습니다. ETF로 높은 분배금을 받는 포트폴리오를 구성하기 위해서는 배당이 꾸준히 높게 나오는 기업에 투자가 필요합니다. 배당성향이 높은 기업에 투자하여 배당을 여러 기업에서 받게 되면 안정적으로 고배당 포트폴리오가 가능합니다. 미국 상장 기업은 배당성향이 높은 편인데, 이러한 회사에 국내에서도 쉽게 투자하게 만든 ETF들이 많이 상장되어 있습니다.

최근에는 주식에서 발생하는 배당 외에도 커버드콜과 같은 추가 전략도 모두 활용하고 있습니다.

그림 1-14는 미국 투자 ETF 중 미국 배당을 이름에 포함한 상품입니다. 꾸준히 배당을 하는 우량 기업 중심으로 포트폴리오가 주로 구성된 다우존스 지수 기업들로 되어 있음을 알 수 있습니다.

종목코드	종목명
0004G0	1Q 미국배당TOP30
402970	ACE 미국배당다우존스
0046Y0	ACE 미국배당퀄리티
0049M0	ACE 미국배당퀄리티+커버드콜액티브
489250	KODEX 미국배당다우존스
483290	KODEX 미국배당다우존스타겟커버드콜
441640	KODEX 미국배당커버드콜액티브
494420	PLUS 미국배당증가성장주데일리커버드콜
490600	RISE 미국배당100데일리고정커버드콜
446720	SOL 미국배당다우존스
452360	SOL 미국배당다우존스(H)
493420	SOL 미국배당다우존스2호
458730	TIGER 미국배당다우존스
0008S0	TIGER 미국배당다우존스타겟데일리커버드콜
458750	TIGER 미국배당다우존스타겟커버드콜1호
458760	TIGER 미국배당다우존스타겟커버드콜2호
0036D0	TIME 미국배당다우존스액티브

그림 1-14 미국 배당을 포함한 ETF 리스트

　ETF의 시대 ― 왜 아직도 종목 고민을 합니까

4. 커버드콜(Covered call) 등 구조화 상품

구조화structured라는 것은 "무엇인가를 만들었다"라는 의미입니다. 금융에서의 구조화는 선물/옵션 등의 파생 금융투자 상품을 이용해서 그것에 대한 수익률이 나올 수 있도록 만든 상품입니다. ETF를 투자하려는데 한 문장에 너무 많은 금융용어가 등장했습니다. 하나씩 풀어서 이해하면 어렵지 않습니다.

ETF 구조화 상품은 대부분 커버드콜 상품입니다. 커버드콜을 활용한 ETF는 꾸준한 분배금 지급을 목표로 합니다. 한동안 국내 증시가 박스권에 머물렀기 때문에 박스권에서 주식의 가격흐름을 따라가면서 안정적으로 분배금이 나오는 상품이 인기를 끌었습니다. 해외 투자 상품에는 국내보다 더 다양한 구조화 상품도 상장되어 있습니다.

커버드콜 상품은 월분배 상품이 많아 월현금흐름이 필요한 투자자에게는 좋은 대안이지만 일정 수준의 월분배를 지속적으로 유지하기 위해서는 주식의 상승률이 일부 제한되기 때문에 추세 상승장에서 일반 ETF보다 수익률이 낮을 가능성이 높습니다. 반면 하락은 똑같이 수익률의 영향을 받습니다.

커버드콜이란

커버드콜은 주가의 상승을 제한하는 대신 콜옵션 매도를 통해 얻은 프리미엄으로 꾸준히 분배/안정적 수익을 추구하는 전략입니다. 옵션은 특정 가격에 주식을 사고 팔 수 있는 권리를 의미하고 콜Call옵션은 매수할 수 있는 권리, 풋Put옵션은 매도할 수 있는 권리입니다. 콜옵션을 매도한다는 것은 누군가에게 일정 수준의 주가에서 주식을 살 수 있는 권한을 판다는 것입니다. 주식의 가격에 대해 상승/하락에 대한 생각이 모두 다르기 때문에 거래가 가능합니다.

이러한 커버드콜 상품은 주가지수 상승보다는 안정적으로 분배금이 나오는 것을 추구하는 투자자에게 적합한 상품입니다. 다만 콜옵션 매도 전략은 주식을 일정 가격에서 살 수 있는 권리를 팔기 때문에 추세적으로 옵션 만기 내에 주가가 크게 상승하면 손실이 발생하게 됩니다. 그래서 장기적으로 주가 상승을 기대하기보다는 안정적으로 현금흐름을 확보하는 것이 중요하다고 생각하는 투자자에게 적합한 상품입니다.

국내는 매주 만기가 돌아오는(위클리) 옵션의 거래가 활발하기 때문에 위클리 옵션을 활용한 지수가 많이 상장되어 있습니다.

이 ETF의 가장 큰 투자 장점은 옵션 프리미엄 수익이 비과세라는 점입니다. 국내 주식은 매매차익이 '비과세'인데 국내 코스피 200 옵션 프리미엄 매매차익도 '비과세'라는 점입니다. 그래서 세금의 측면에서도 투자자들에게는 우호적 상품입니다.

혹시 ETF에 2024년부터 관심이 있었다면 예전에 보았던 상품들이 없어진 것 같다고 느낄 수 있습니다. 종목코드는 그대로인데 이름이 바뀌어 있는 경우가 많을 겁니다.

커버드콜 ETF가 나오던 초창기에는 안정적인 분배율이 나온다
는 의미로 특정 숫자를 넣어 이름을 만들었습니다. '15%프리미엄분
배'와 같이 이름을 지었습니다. 이는 연간 15% 옵션프리미엄 창출
을 목표로 한다는 것입니다.

2024년 9월 25일 금융감독원의 지침에 따라 이름을 일괄적으
로 변경하게 되었습니다. 2024년 7월 금융감독원이 타겟 프리미엄
커버드콜 ETF 명칭이 소비자에게 혼동을 줄 수 있다고 지적하면서
논의가 시작되었습니다. ETF 이름에 목표분배율이 마치 소비자로
하여금 고정/확정분배율로 인식될 수 있다는 점이 문제였습니다. 또
한 프리미엄이라는 단어도 일반적으로 옵션 매도 시 수취하는 대가
를 의미하지만 개인들에게는 마치 우량하다는 의미로 이해될 수 있
다는 점도 있었습니다. 향후 상품 분류에도 보면 해외증시, 채권에
도 이러한 커버드콜 상품이 많이 등장하는데 다 비슷한 상황입니다.

변경 전	변경 후
KODEX 미국AI테크TOP10+15%프리미엄	KODEX미국AI테크TOP10타겟커버드콜
KODEX미국30년국채+12%프리미엄(합성H)	KODEX미국30년국채타겟커버드콜(합성H)
KODEX미국배당+10%프리미엄다우존스	KODEX미국배당다우존스타겟커버드콜
KODEX미국배당프리미엄액티브	KODEX미국배당커버드콜액티브
KODEX테슬라인컴프리미엄채권혼합액티브	KODEX테슬라커버드콜채권혼합액티브
TIGER미국배당+3%프리미엄다우존스	TIGER 미국배당다우존스타겟커버드콜1호
TIGER 미국배당+7%프리미엄다우존스	TIGER 미국배다다우존스타겟커버드콜2호
TIGER미국테크TOP10+10%프리미엄	TIGER미국S&P500타겟데일리커버드콜
TIGER미국S&P500+10%프리미엄초단기	TIGER미국S&P500타겟데일리커버드콜
TIGER미국나스닥100+15%프리미엄초단기	TIGER미국나스닥100타겟데일리커버드콜
TIGER미국30년국채프리미엄액티브(H)	TIGER미국30년국채커버드콜액티브(H)

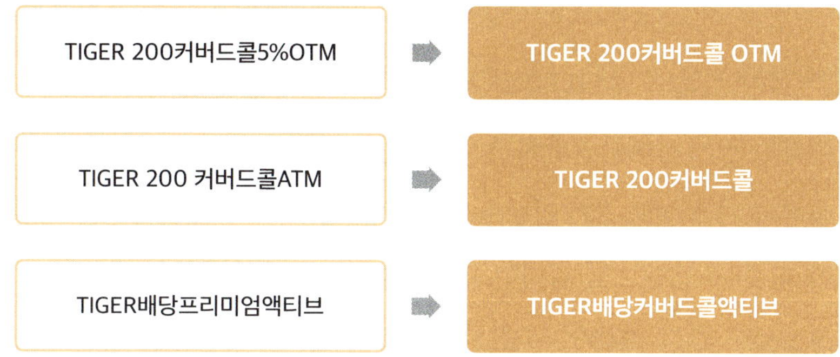

그림 1-15 ETF 이름 변경 전과 변경 후

NOTE

또다른 구조화 상품 버퍼(Buffer) ETF

버퍼 ETF는 현재 KODEX에서 출시한 상품이 국내에는 유일합니다. 버퍼 ETF에서는 크게 두 가지 용어를 기억하면 됩니다. 캡CAP과 버퍼BUFFER입니다.

캡은 1년에 한 번 정해진 때 조정됩니다. 3월 버퍼 ETF는 3월에 정해집니다. 정해진 종료 때(OUTCOME 기간)에 버퍼(10%) 이내로 하락하면 이 ETF 투자자는 0%의 수익률을 기록하게 되고 버퍼보다 더 많이 하락하게 되면 해당 지수 하락률에 +10% 만큼이 손실됩니다. 지수 상승 시 캡까지는 실제 나타난 수익률 만큼 수익이 나고, 캡 이상으로 지수가 수익률이 날 경우 투자자는 캡 수익률만 얻게 됩니다. 수익률 하락 시 손실 완화가 되는데 이는 상승을 제한하는 대가로 보호받는 것으로 보면 됩니다.

박스권 흐름이나 하락 가능성이 좀 더 높아 보이는 시장에서 투자 대안으로 여겨집니다.

5. 기업 그룹주 투자

기업 그룹은 우리나라의 특성에 맞춘 ETF입니다. 대기업 집단이라는 공정거래위원회에서 발표하는 기업 집단에 속하는 상장 주식에 투자를 하는 ETF입니다. 의사결정이나 전반적인 기업의 운영이 비슷한 방향으로 간다는 생각으로 만들어진 상품입니다. 현재 상장되어 있는 그룹은 삼성그룹 관련된 ETF가 가장 많으며 현대차그룹, 포스코그룹, LG 그룹주 등이 있습니다.

채권형

채권형 ETF는 개인들이 참여하기 힘든 채권 시장에서 상대적으로 쉽게 투자할 수 있는 상품입니다. 주식과 달리 가격의 변동성이 크지 않기 때문에 자산배분 관점으로 장기 투자에 적합합니다. 채권은 투자 시 수익률을 보면서 거래를 하는데 ETF는 다른 자산과 같이 가격으로 거래하기 때문에 더 쉽게 다가옵니다. 그래서 개인 및 기관 투자자를 위한 다양한 채권형 ETF 상품이 출시되어 있습니다.

채권 투자 시 다음 두 가지를 생각해야 합니다.

    ETF의 시대 — 왜 아직도 종목 고민을 합니까

- 신용도 : 채권은 발행자가 자신의 신용으로 돈을 빌리는 것입니다. 국가나 공기업같이 신용도가 높으면 빌리는 비용(금리)이 적게 듭니다. 채권 투자자 입장에서는 신용등급이 높을수록 수익률이 낮아집니다.
- 만기 : 단기보다 장기로 빌려줄수록 보통 높은 금리를 요구합니다. 오랜 기간 변동성을 감수하며 돈을 빌려주기 때문입니다.

1. 국공채형

국공채형 ETF는 무위험 채권인 국채/통안채 및 위험도가 비교적 낮은 공사채에 주로 투자하는 ETF를 의미합니다. 채권 상품은 만기에 따라서 수익률의 변화폭이 달라지기 때문에 만기 구분이 중요합니다. 단기 상품은 수익률의 변동성이 낮아 안정적인 수익확보가 가능하고, 장기상품은 장기금리 변동성에 따라 수익률의 변동성도 높아집니다.

채권의 상품 특성상 기대수익률 및 변동성이 주식에 비해 낮으나 긴 만기채권(30년 등)에 주로 투자하는 채권 투자 상품의 경우 코스피 200 지수와 비슷한 수준의 가격 변동성을 보이기도 합니다. 장기 금리가 하락이 예상되면 장기 채권형 ETF에 투자해서 자본차익 및 투자 기간에 해당하는 이자 수익도 노려볼 수 있습니다.

30년 같이 장기 국공채형도 국내 및 미국에 투자하는 ETF가 많이 상장되어 있습니다. 과거에는 일반적으로 우리나라가 선진국 대비 금리가 높았습니다. 금리가 높다는 것은 같은 기간 동안 투자자에게 더 많은 이자를 준다는 것을 의미합니다. 그래서 우리나라가 더 높은 수익을 주는 투자처였습니다. 그런데 코로나 시기를 거치고 인플레이션이 급등하면서 미국 채권의 금리가 우리나라보다 높아졌습니다. 2026년에도 한국의 기준금리보다 미국의 기준금리가 높은 시기가 계속되고 있습니다. 그래서 미국 채권도 국내 투자자들에게 매력적인 투자처가 되고 있습니다.

2. 회사채형

안정성을 최우선으로 하는 투자자에게는 국공채 유형이 좋지만 좀 더 높은 수익률을 원하는 투자자에게는 채권형 중에서 수익률 변동성이 높은 회사채 ETF가 있습니다. 일반 회사들이 발행하는 채권에 주로 투자하여 더 높은 수익을 추구합니다. 만기는 국공채형에 비해 짧은 구간에 투자하는 상품이 많습니다.

해외 회사채 ETF는 보다 높은 이자 수익을 추구하기 위한 하이일드 유형과 회사채 내에서도 안정성을 찾기 위한 투자등급 회사채 유형으로 나뉩니다. 미국은 우리나라보다 기업들이 발행하는 채권의 만기가 길기 때문에 10년 이상을 투자하는 장기형도 ETF로 상장되어 있습니다.

　　　　ETF의 시대 ― 왜 아직도 종목 고민을 합니까

3. 종합채권형

국공채/회사채를 모두 포함하고 있는 것이 종합채권형입니다. 코스피 지수처럼 채권의 모든 종목을 포함한 지수를 종합채권 지수라고 표현하는데 단기/중기/장기에서 이렇게 모든 섹터를 다 포함하는 지수를 의미합니다.

단기에서는 머니마켓액티브라는 초단기형 상품이 투자자들의 관심을 많이 받고 있습니다. 단기유휴자금을 기준금리 대비 일정 수준 이상의 초과수익을 목표로 운용하고 있는 펀드입니다. 머니마켓펀드MMF와 목적은 비슷하나 규제를 덜 받고 있어 조금 더 높은 수익률 추구를 목표로 합니다. 국내 채권 시장의 전체 수익률을 따라가는 포트폴리오를 구축하고 싶을 때는 종합채권 ETF를 선택하면 됩니다.

채권형 ETF가 주식형과 다른 점이 몇가지 있습니다.

① 액티브 유형이 많다

채권형 ETF의 경우 실제로 장외 거래가 대부분이고, 지수에 포함된 종목이 모두 유동성이 높지 않기 때문에 주식형 ETF처럼 100% 복제하는 것이 사실상 불가능합니다. 그래서 기초지수를 비슷하게 추종하면서 상관계수에 약간의 여유가 있는 액티브 ETF 유형으로 운용됩니다.

② 1,000억 원 이상의 ETF가 많다

이는 우리나라 채권시장의 일반적인 거래 기준이 100억 원 단위인 점과 공모펀드 및 액티브 유형에서는 발행사 기준 일반 회사채는 10%까지만 담을 수 있는 규정이 있어서 어느 정도 규모가 큰 수준에서 운용이 됩니다. 또한 기관 투자자들이 많이 활용하고 있어서 일반 주식형에 비해서 규모가 큰 경우가 많습니다. 그에 비해 거래량이 많지 않은 경우가 종종 있는데 증권사에서 호가조성(거래가 원활하게 이루어질 수 있도록 매수 호가와 매도 호가를 동시에 제공하여 유동성을 공급하는 행위)을 해주어서 일반적으로 거래에는 큰 문제는 없습니다.

③ 만기 매칭형이 많다

채권은 만기가 있습니다. 이러한 고유 속성을 ETF에도 적용한 상품이 만기 매칭형 ETF입니다. 더 높은 수익률을 위해서 만기 매칭형은 회사채에 투자하는 경우가 많습니다. 국채보다 회사채의 금리가 높기 때문에(국가의 신용도가 일반 회사보다 높기 때문에 더 낮은 금리로 돈을 빌릴 수 있습니다) 이를 만기까지 유지하게 하고, 만기 이전에 신용 이벤트가(회사가 부도가 나거나, 이자를 갚지 못하는 경우 등) 발생하지 않는다면 높은 수익이 납니다. 그래서 만기 매칭형은 일정 기간 안정적 수익을 원하는 투자자에게 매력적인 상품이 됩니다.

알아서 상장폐지가 되는 만기가 있는 ETF

채권형 상품에서 브랜드 뒤에 숫자가 들어간 채권형 상품이 있습니다. 이는 2022년 우리나라에 최초로 도입된 만기 매칭형 ETF를 의미합니다. 26-10이면 2026년 10월 만기 채권으로 포트폴리오를 구성하는 상품입니다. 그동안 펀드로만 있던 상품을 ETF로 바꾼 상품이며 만기까지 보유 시 매수 시점의 예상 수익률을 만기에 얻을 수 있습니다. 해당 만기월에 ETF는 자동 상장폐지되며 고객들에게는 수익금 및 원금이 배분되는 형태입니다.

그림 1-16은 2025년 12월 말 기준으로 상장되어 있는 만기가 있는 ETF 리스트입니다. 해당 월에 만기가 되는 채권들로 이루어져 있어 투자 시점에서의 수익률이 만기에 확정됩니다. RISE 26-11 회사채 (AA-이상) 액티브 ETF를 KB자산운용 홈페이지에서 찾으면 YTM(만기수익률)이 나옵니다. 그림 1-17에 2.95%로 나와있는데 보수 차감 전 기준으로 현재 투자를 하면 만기에 약 연환산 2.95% 정도의 수익률이 예상된다는 의미입니다.

종목코드	종목명
461270	ACE 26-06 회사채(AA-이상)액티브
495710	BNK 26-06 특수채(AAA이상)액티브
0123S0	HANARO 26-12 은행채(AA+이상)액티브
0091M0	HANARO 27-06 회사채(AA-이상)액티브
448490	HANARO 32-10 국고채액티브
0000Y0	HK 26-12 회사채(AA-이상)액티브
464240	KIWOOM 26-09 회사채(AA-이상)액티브
491080	KODEX 25-12 은행채(AAA)액티브
0117L0	KODEX 26-12 금융채(AA-이상)액티브

473290	KODEX 26-12 회사채(AA-이상)액티브
0007F0	KODEX 27-12 회사채(AA-이상)액티브
0119H0	KODEX 28-12 회사채(AA-이상)액티브
457690	KODEX 33-06 국고채액티브
457700	KODEX 53-09 국고채액티브
0122W0	RISE 26-11 회사채(AA-이상)액티브
488980	SOL 26-12 회사채(AA-이상)액티브
0092C0	SOL 27-12 회사채(AA-이상)액티브
0001S0	TIGER 26-04 회사채(A+이상)액티브
480260	TIGER 27-04 회사채(A+이상)액티브
0094K0	TIGER 28-04 회사채(A+이상)액티브
465780	마이티 26-09 특수채(AAA)액티브

그림 1-16 만기가 있는 채권형 ETF (2025년 말 기준)

그림 1-17 개별 만기가 있는 ETF 검색시 나오는 내용
(출처 : KB자산운용 홈페이지, 2026년 2월 6일 기준)

    ETF의 시대 — 왜 아직도 종목 고민을 합니까

원자재형

　원자재는 인플레이션 헤지 기능이 있기 때문에 자산배분 시 편입하는 것이 최근에 보편화되어 있습니다. 다만 국내의 경우 현/선물 시장이 활발하게 거래되는 것은 한국거래소[KRX] 금현물 정도이고, 나머지는 거래량 등이 미미한 상황입니다. 한국거래소[KRX] 금현물 ETF는 2개 운용사에서 상장하였습니다.

　해외 투자 상품은 다양합니다. 원유와 같이 우리 생활에 밀접한 상품부터 농산물 금, 은과 같은 귀금속이나 구리, 팔라듐 같은 금속 상품 등이 있습니다. 환변동성을 헤지한 환헤지 상품이 많은 수량을 차지하고 있으며 금 같은 경우는 일부 환노출형 상품들이 있습니다. 원자재형은 자체 상품의 가격 움직임에 따라 투자자들에게 수익을 발생시키기 위해서 환변동성을 제거한 상품이 더 투자에 적합하다고 할 수 있습니다.

부동산도 원자재와 함께 인플레이션 헤지가 가능한 수단입니다. 우리나라에 상장되어 있는 부동산/리츠 관련 ETF는 대부분 유가증권 시장에 상장되어 있는 상장 리츠나 부동산, 인프라 펀드를 분산 투자해서 수익을 얻는 구조입니다. 주요 리츠에 분산 투자함으로써 리스크를 분산하고 수익을 안정화하는 데 목표를 두고 있습니다.

해외 부동산형도 리츠 형태로 구성되어 있습니다. 미국, 일본, 싱가포르 등 다양한 국가에 투자하는 상품들이 출시되어 있습니다.

ETF로 환율의 움직임에만 투자를 할 수 있습니다. 미국 달러 기준상품이 가장 기본적입니다. 레버리지도 가능합니다. 인버스도 2배가 가능합니다. 대부분은 선물지수를 추종하는 ETF로 실제 현물과 소폭의 가격 차이는 발생할 수 있지만 흐름 자체는 비슷하게 움직입니다. 달러가 너무 비싸다고 생각하면 인버스로 수익을 볼 수도 있는 구조입니다. 환율에 직접 투자하는 상품 외에 해외 투자

ETF들은 대부분 환오픈형이 많습니다. 이러한 환오픈형 구조에 대해서 환율 변동성을 제어하고 싶을 때도 이러한 ETF를 활용할 수도 있습니다.

혼합형 → 주식과 채권을 한 번에 투자

서로 상관관계가 낮은 자산을 일정 비율로 섞어 투자하면 변동성이 비교적 낮은 안정적 수익률이 가능합니다. 이를 재무관리에서는 효율적 투자곡선에 투자한다고 이야기를 합니다. 주식과 채권은 상관 관계가 낮습니다. 혼합형은 변동성을 낮추기 위해 '주식+채권'으로 일정 비율에 맞춰 투자합니다(주식혼합은 주식 비중이 더 높고 채권혼합은 채권 비중이 더 높다는 것을 의미합니다).

분산 투자 효과를 노리고 퇴직연금계좌 등에서 투자 비중을 100%까지 할 수 있도록 하기 위해 채권 혼합형들이 많이 출시되었습니다. 특히 한 종목의 투자 비중을 극대화하고 나머지를 채권으로 비중 및 수량들을 맞춘 ETF는 투자자들에게 새로운 투자처를 제공하게 되었습니다. 향후에도 특정 기업에 대한 우리나라 국민들의 직접 투자가 높아진다면 이를 포함한 혼합형 ETF는 꾸준히 출시될 것입니다.

효율적 투자곡선 Efficient frontier이란 동일한 위험 수준에서 가장 높은 수익률을 얻을 수 있거나, 가장 낮은 위험을 가진 포트폴리오의 집합을 나타내는 곡선을 의미합니다. 평균-표준편차로 형성된 모든 포트폴리오 중에서 가장 효율적인 조합을 연결한 곡선을 나타냅니다.

돈이 잠시 쉬어가는 파킹(Parking)형

초단기로 자금 운용을 하기 위한 상품으로는 은행 MMDA수시입출금 예금, 증권사 CMA자산관리계좌 등이 있습니다. ETF에도 비슷한 상품이 있습니다. 투자하다가 잠시 투자처를 찾지 못한 돈을 넣어두면 기준금리 수준으로 따박따박 수익률이 올라갑니다. 이를 파킹형이라고 합니다. 여유 자금을 잠시 주차를 한다는 의미입니다. 대표적인 초단기 금리형 상품으로는 CD 금리, KOFR 금리 ETF가 있습니다. CD 금리는 대출에도 연계가 되어 워낙 익숙한 금리지만 KOFR은 본격적으로 도입된 지 몇 년 되지 않아 아직 익숙하지 않은 금리입니다. 우리나라 기준금리와 비슷한 수준의 금리라고 보면 됩니다.

미국 달러에 대한 비슷한 투자 상품이 있습니다. SOFR ETF입니다. SOFR 역시 미국 기준금리에 연동되어 움직이기 때문에 미국이 우리나라보다 기준금리가 높은 시점에서 더 인기가 많은 상품이 되었습니다. 다만 대부분 환오픈형이어서 환변동성에 따른 성과 움직임이 더 크다는 점이 있습니다.

KOFR과 SOFR

KOFR Korea Overnight Financing Repo Rate : 국채, 통안증권을 담보로 하는 1일 만기 REPO 거래 금리

미국 SOFR Secured Overnight Financing Rate : 미국채를 담보로 1일 물로 현금을 빌릴 때 기준이 되는 금리

국내/해외 분산 투자하는 TDF형

국내+해외 투자형 상품으로는 TDF Target date fund가 있습니다. TDF란 정해진 글라이드 패스(자산배분 비율, 일반적으로 퇴직연도가 가까울수록 안전자산 비율이 높고 퇴직연도가 먼 사람은 주식 비중이 높습니다)에 따라 퇴직연도에 맞춰 주식 및 채권 대체 투자 등의 비중을 조절하는 펀드입

니다. TDF를 운용하는 운용사들이 이와 유사한 상품을 ETF로 상장하여 투자자들에게 다양한 선택의 기회를 제공하고 있습니다.

그림 1-18은 국내 상장된 TDF ETF 리스트입니다. 2030/2040와 같은 숫자는 은퇴연도를 의미하는데 2030은 2030년에 은퇴가 예정되는 사람에게 가입을 권장하고 2050은 2050년도에 은퇴하는 사람에게 권장됩니다. 단 의무는 아니고 투자자가 어느 것이나 선택 가능합니다.

TDF가 펀드로도 있지만 ETF로 더 효율적인 투자가 가능한 이유가 두 가지가 있습니다. 첫째로 매매주기입니다. 일반적인 TDF는 해외에 투자하고 있는 경우가 많기 때문에 설정/환매 주기가 각각 4일/8일 정도로 깁니다. 그러나 ETF는 2일 결제로 이루어지며, 가격도 국내 정규 시장에서 원하는 시점에 거래가 가능합니다. 두 번째는 보수입니다. TDF는 펀드 또는 ETF에 재투자하게 되기 때문에 이중 보수 문제가 발생합니다. 그러나 ETF는 자체 보수를 TDF 대비 낮게 해서 장기 투자에 좀 더 적합하게 만들어져 있습니다.

  ETF의 시대 ─ 왜 아직도 종목 고민을 합니까

종목코드	종목명
0021D0	ACE TDF 2030액티브
0021E0	ACE TDF 2050액티브
435530	KIWOOM TDF 2030액티브
435540	KIWOOM TDF 2040액티브
435550	KIWOOM TDF 2050액티브
433970	KODEX TDF 2030액티브
433980	KODEX TDF 2040액티브
434060	KODEX TDF 2050액티브
0082V0	KODEX TDF 2060액티브
433880	PLUS TDF 2060액티브
442550	RISE TDF 2030액티브
442560	RISE TDF 2040액티브
442570	RISE TDF 2050액티브
0025N0	TIGER TDF 2045

그림 1-18 TDF ETF 리스트

ETF 관련 용어

ETF 종류는 많고 다양합니다. 그래서 ETF를 투자하기 전에 분석을 해야 하는데 주식/채권 투자와는 다른 용어들이 많이 있습니다. 용어에 대해서 세부적으로 알아야 내가 생각하는 투자를 제대로 할 수 있습니다.

● 유동성 공급자 (LP, Liquidity Provider)

유동성 공급자는 증권시장에서 거래가 원활하게 이루어질 수 있도록 매수 호가(살 가격)와 매도 호가(팔 가격)를 동시에 제시하여 유동성을 공급하는 역할을 담당합니다. 국내에서는 증권사가 해당 업무를 하며 운용사와 LP 계약을 맺은 회사들이 이러한 업무를 수행합니다. 지정된 호가 스프레드 비율을 초과할 경우 5분 이내에 호가를 제시하여야 하기 때문에 매매가 활발하지 않은 종목을 포함하여 모든 ETF는 매도/매수 호가가 있어 매매를 쉽게 할 수 있습니다.

● 지정참가회사 (AP, Authorized Participants)

ETF 시장에서 법인투자자와 자산운용사 사이에서 ETF의 설정 및 환매의 신청 창구를 담당하는 회사입니다. 증권회사가 담당하고 있습니다. 일반 주식의 경우 한 번 상장되면 주수가 바뀌는 경우가 많지는 않습니다. 그러나 ETF의 경우에는 시장에서 매수자가 많게 되면 그만큼을 지정참가회사가 운용사에게 설정 청구를 하여 좌수(펀드에서 지분을 나타내는 수량 단위)가 늘어나고, 상장 주식수도 늘어나는 구조입니다. 이럴 때 설정/해지 요청 업무를 담당하는 회사입니다. 납부금 등을 설정단위에 해당하는 자산으로 변경하는 업무도 수행합니다. 현재 우리나라에서는 개인에게는 ETF의 설정과 환매 신청을 허용하지 않고 있습니다.

일반 투자자가 ETF 매매를 할 때는 국내 주식이 거래 가능한 증권사 어느 곳이나 가능합니다. 유동성 공급자나 지정참가회사 여부와 관계가 없습니다. 유동성 공급자나 지정참가회사는 ETF의 거래를 편하고, 활발하게 하기 위해 존재하기 때문입니다.

● 신탁업자

자산보관회사로도 불리며, 실제로 투자신탁 재산인 주식, 채권, 현금 등을 보관 및 관리하는 업무를 수행합니다. 운용사는 실제로 주식, 채권, 현금 등을 가지고 있지 않고 신탁업자에게 모두 보관을 해서 운용사가 부도가 나더라도 재산은 안전하게 지킬 수 있습니다.

● 일반사무관리회사

ETF의 사무처리를 위해 자산운용사의 업무를 위탁 받아 역할을 수행합니다. 장 종료 후 ETF의 순자산가치NAV를 계산하고 거래소 등에 그 정보를 공시하며 여기서 구해진 순자산가치NAV는 익일에 제공되는 실시간 순자산가치NAV 기준가격의 역할을 합니다.

● 지수산출기관

모든 ETF는 지수추종을 기본으로 하며 이러한 지수가 적절하게 잘 산출이 되어야 실제 ETF도 이 지수를 따르며 움직이게 됩니다. ETF가 추종하는 지수는 크게 시장대표지수와 특정 기관에서 산출하는 특수지수로 나뉘며 대표지수(코스피 200, 코스닥 150 등)는 각 거래

   ETF의 시대 — 왜 아직도 종목 고민을 합니까

소에서 산출하며, 다른 ETF는 다양한 기관에서 지수를 산출하고 있습니다.

● 순자산가치(NAV, Net Asset Value)

ETF에 실제로 편입된 기초자산의 실제 가격을 의미합니다. ETF 내에서 보유하고 있는 모든 자산가치를 더한 것에서 부채(운용보수 등)를 공제한 것을 순자산총액이라고 하며 순자산가치는 이를 ETF 상장주수로 나눈 것을 의미합니다.

● 실시간 추정 순자산가치(iNAV, Indicative Net Asset Value)

ETF가 실시간 거래가 될 수 있도록 거래소에서 실시간으로 제공하는 추정 순자산가치입니다. 주식/채권 등 거래소에서 실시간 거래가 되는 종목들의 가치를 반영해서 유동성공급자[LP]들로 하여금 실시간 현재 가치를 가장 잘 반영할 수 있도록 하는 가치입니다.

● 시장가격

ETF는 시장(거래소)에서 실시간으로 거래되기 때문에 ETF를 매수/매도하는 가격은 ETF 시장의 수요와 공급에 의해 결정되고 이를 시장가격이라고 합니다. 시장가격은 매수/매도에 의해 결정됩니다.

● 과표기준가

ETF가 수익이 발생하였을 때 비과세 부분을 제하고 과세 대상이 되는 금액만을 산정하여 산출하는 기준가입니다.

● 괴리율

시장가격과 순자산가치의 차이를 나타내는 지표입니다. 시장가격이 순자산가치에 비해 고평가되거나 저평가되는 정도에 따라 괴리율이 커지거나 작아집니다. 그렇기 때문에 괴리율의 절대값이 클수록 내가 매매하는 가격에 따라 이익이나 손실 규모가 커집니다.

괴리율 계산해 보기

NOTE

괴리율은 일반 투자자도 쉽게 계산할 수 있습니다. 예를 들면, ETF 시장 가격이 10,200원이고 순자산가치가 10,000원이라고 가정하겠습니다. 괴리율은 해당 가격 차이인 200원을 순자산가치 10,000원으로 나누어 계산합니다. 2.0%의 괴리율이 발생했습니다. 이 말은 순자산가치가 10,000원짜리를 투자자는 2.0%나 비싸게 줘야 살 수 있다는 의미입니다. 반대로 매도라면 2.0% 비싸게 팔 수 있다는 의미입니다. 매수자의 입장에서 양(+)의 괴리율은 손해, 음(-)의 괴리율은 이익이 발생합니다.

● 추적오차

기초지수와 NAV의 차이를 의미합니다. 이는 해당 ETF가 기초지수에 추종을 잘 하고 있는지를 확인할 수 있는 수단입니다. 추적 오차가 낮을수록 운용사가 해당 지수를 잘 추종하고 있다고 판단할 수 있으며 단기로 평가하기보다는 장기로 평가하는 것이 더 정확한 방법입니다. 이를 비율로 나타내면 추적오차율이 됩니다.

● 최소설정단위(CU, Creation Unit)

유통시장에서 ETF는 1주 단위로 자유롭게 거래할 수 있지만 발행시장에서 ETF를 설정/환매할 수 있는 최소거래단위를 최소설정단위CU라고 합니다. 1CU당 몇 주로 이야기를 하며 1CU당 ETF 좌수는 각 ETF별로 1만주, 2만주, 5만주, 10만주 등으로 ETF마다 다르게 정해져 있습니다. 금액으로도 1억 원 또는 그 이상의 금액으로 분포되어 있습니다.

● 납부자산구성내역(PDF, Portfolio Deposit File)

발행시장을 통해서 ETF를 설정할 시에 구성되어 지정참가회사가 납부해야 할 자산 구성 내역입니다. ETF를 환매하는 경우에도 이 구성 내역에 따라서 해야 합니다.

● 분배락

주식에서 배당락이 있듯이 ETF는 분배를 하게 되는데 분배금을 받을 수 있는 권리가 없어지는 날 ETF 가격이 하락하며 분배락이 발생하게 됩니다.

투자 위험

ETF에 투자할 때 고려해야 할 위험(리스크)요소에 대해서 알아보겠습니다. 투자를 하면 시장 리스크나 유동성 리스크 등 다양한 리스크에 노출됩니다. ETF 투자 시 발생하게 되는 투자 위험에 대해서 알아보겠습니다.

괴리율 :
내가 생각한 것과 가격이 다르게 움직일 수 있다

괴리율은 가격적인 측면에서 ETF를 매매할 때 얼마나 잘 매매하는가를 나타내는 지표입니다. 괴리율이 크다면 적정한 가격에 매도/매수하기가 어려운 상황이며 ETF가 관리가 잘 안되고 있다는 것입니다. 그래서 괴리율 추이를 점검해야 합니다.

괴리율을 확인하는 방법은 두 가지가 있습니다.

1. 회사 홈페이지 활용하기

첫 번째 방법은 자산운용사 홈페이지에서 계산하는 것입니다. 미래에셋자산운용 홈페이지에서 TIGER 미국S&P 500 ETF의 괴리율을 찾아보겠습니다. 그림 1-19는 미래에셋자산운용 회사 홈페이지에서 찾은 화면입니다. 순자산가치(24062.96)이 주당 시장가격(24050)보다 높아서 저평가되어 있습니다. 괴리율을 계산해보면

- (시장가격 - 순자산가치) / 순자산가치 = 괴리율
- (24050 - 24062.96) / 24062.96 = - 0.054%

-0.054%의 괴리율이 나오게 됩니다. 조금만 더 화면을 아래로 내려보면 과거 데이터를 검색할 수 있는 그림 1-20이 나옵니다.

그림 1-19 TIGER미국S&P 500 가격 화면 (출처 : 미래에셋자산운용 홈페이지)

10월 31일을 보면 시장가격(24280)에서 순자산가치(24104.29)를 차감한 것을 순자산가치(24104.29)로 나누면 0.7289% 정도의 괴리율이 나오게 됩니다. 이 날은 시장가격이 실제 포트폴리오 가치보

구분	시장가격		기준가격		기초지수(S&P 500)		
	종가 (원)	전일대비 (%)	종가 (원)	전일대비 (%)	과세기준가 (원)	종가	전일대비 (%)
2025.10.31	24,280	-0.37	24,104.29	-1.14	24,118.09	3,377.72	-1.14
2025.10.30	24,370	-1.06	24,383.09	-0.37	24,398.42	3,416.54	-0.37
2025.10.29	24,630	0.18	24,472.80	-0.43	24,487.95	3,429.14	-0.19
2025.10.28	24,585	0.76	24,577.85	1.65	24,588.58	3,435.65	1.65
2025.10.27	24,400	1.04	24,179.49	0.42	24,194.56	3,379.78	0.41

그림 1-20 일자별 시장가격, 기준가격, 기초지수 추이 (출처 : 미래에셋자산운용 홈페이지)

　ETF의 시대 — 왜 아직도 종목 고민을 합니까

다 높게 형성이 되어 있던 날입니다. 운용사 홈페이지에서 괴리율을 따로 보여주지는 않지만 직접 계산을 할 수 있습니다.

2. 한국거래소 사이트 확인

매일매일 괴리율 추이가 어떻게 되고 얼마나 변동이 큰지 알고 싶다면 한국거래소 정보데이터시스템 사이트(data.krx.co.kr)를 추천합니다. 회원가입을 해야 볼 수 있지만 무료이고 ETF를 다루는 한국거래소 사이트인 만큼 가장 확실한 내용을 담고 있습니다.

그림 1-21은 한국거래소에서 운영하는 정보데이터 시스템 사이트입니다. 기본통계 - 증권상품 - ETF를 선택하면 다양한 항목이 나오는데 여기에서 '세부안내'를 클릭하면 그림 1-22와 같은 화면이 나옵니다.

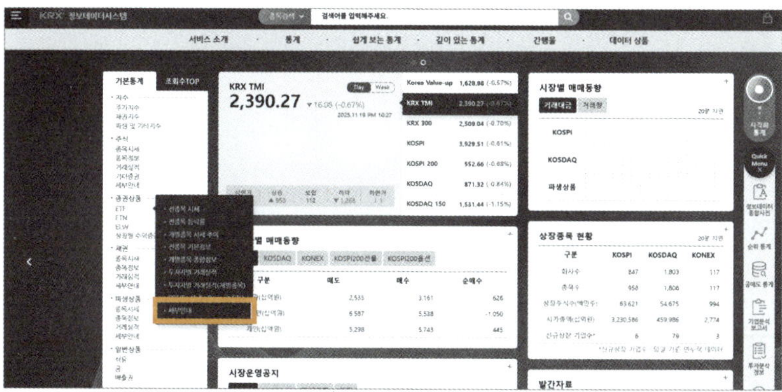

그림 1-21 한국거래소 정보데이터시스템 화면 (출처 : 한국거래소 정보데이터시스템 홈페이지)

그림 1-22 ETF 세부 괴리율 확인 화면 (출처 : 한국거래소 정보데이터시스템 홈페이지)

세부 안내에서 괴리율 추이를 선택하고 종목명에서 검색하면 해당 ETF가 나옵니다. 2025년 10월 31일 기준 괴리율이 0.73이라고 나와있습니다. 홈페이지에서 계산한 것과 동일한(반올림) 숫자가 확인됩니다. 또한 일자별로 괴리율의 추이도 확인 가능합니다.

  ETF의 시대 — 왜 아직도 종목 고민을 합니까

상장폐지 :
소규모 펀드, 지수 추종이 안 되는 경우 등

일반 주식과 같이 ETF도 일정한 요건을 맞추지 못하면 상장폐지가 됩니다. 상장폐지 전 단계로는 관리종목 지정이 있습니다.

소규모 ETF 관리종목 지정 및 상장폐지(유가증권시장 상장규정 제115조 제1항)

상장 1년이 경과한 ETF 중 반기말 현재 신탁원본액이 50억 원 미만이면서 순자산총액이 50억 원 미만인 경우 관리종목으로 지정됩니다. 관리종목으로 지정되고 지정일이 속한 반기말 기준으로 관리종목 지정 사유가 해소된 경우에는 관리종목에서 해제되나, 다음 반기말에도 해당사유가 계속되는 경우에는 상장폐지 됩니다.

→ 소규모 ETF를 투자한다면 그 전에 유사한 ETF 중 순자산총액이 큰 종목에 투자하는 방법으로 이러한 위험을 방지할 수 있습니다. 상장폐지는 규칙에 의해서 이루어지기 때문에 내가 투자하는 ETF의 순자산총액이 50억 원 미만이라면 상장폐지가 될 수 있다는 생각을 가지고 교체매매를 미리 준비해야 합니다.

구분		상장폐지 기준
ETF 공통	상관계수	ETF의 순자산가치의 일간 변동률과 ETF의 기초지수의 일간변동률의 상관계수가 0.9 미만이 되어 3개월간 계속되는 경우
	유동성 공급계약	유동성 공급계약을 체결한 LP가 없는 경우 또는 모든 LP가 교체 기준에 해당하게 된 날부터 1개월 이내에 다른 LP와 유동성 공급계약을 체결하지 않은 경우
	상장규모	신탁원본액(자본금) 및 순자산총액이 50억 원 미만 사유로 관리종목으로 지정된 상태에서 다음 반기말에도 해당 사유가 계속되는 경우
	신고의무	고의, 중과실 또는 상습적으로 신고의무를 위반한 경우
	투자신탁 해지	자본시장과금융투자에 관한 법률 제192조 제1항 또는 제2항에 따른 투자신탁의 해지사유에 해당하는 경우
	투자자 보호	공익 실현과 투자자 보호를 위하여 상장폐지가 필요하다고 거래소가 인정하는 경우
합성ETF	영업인가	거래 상대방의 장외파생 상품 투자매매업 인가가 취소되거나 공신력 있는 금융회사로서의 지위를 상실한 경우
	신용등급	거래 상대방의 신용등급이 투자적격 등급에 미달하는 경우
	순자본비율	거래 상대방의 순자본비율이 100% 미만이 되어 3개월간 계속되는 경우
	감사의견 등	거래 상대방이 감사의견 부적정, 의견거절, 영업의 중단, 부도, 자본금 전액잠식, 회생절차 개시 신청, 법률에 따른 해산 등에 해당하는 경우
	계약체결	거래 상대방과의 장외파생 상품 계약 만기일 전에 계약이 종료되거나 만기가 도래한 경우로서 그에 상응하는 계약이 없는 경우

표 1-2 상장폐지의 기준

ETF의 시대 — 왜 아직도 종목 고민을 합니까

선물형 ETF 투자 : 단기 투자를 효율적으로

선물형 ETF는 장기 투자 시 실제 지수와 다르게 수익률이 날 수 있습니다. 거래소에서 거래되는 선물Futures은 만기가 있습니다. 만기 때마다 교체매매를 하는 과정에서 비용 및 선물 가격 형성에 따라 손실이 발생할 수 있습니다. 그래서 장기로 갈수록 이러한 차이가 누적으로 쌓입니다. 그래서 장기 수익률을 확인해보면 기초지수와는 다른 흐름을 보일 가능성이 높습니다. 그래서 시장 변동성에 맞춰서 단기로 투자하는 게 좋습니다.

롤오버 (ROLL-OVER) 리스크

NOTE

선물 상품마다 다르지만 만기에 현금 정산Cash Settlement을 하는 경우와 실제물건 인수도Physical Delivery를 하는 상품으로 나뉩니다. 우리나라 상품은 대부분 현금 정산을 합니다. 하지만 해외 상품들은 실물인수도를 하는 경우도 있습니다. 그래서 만기가 되기 전에 그 다음 만기의 상품으로 교체매매를 해야 포지션을 계속 유지할 수 있습니다. 이것을 롤오버ROLL-OVER라고 합니다.

월별/분기별 등 정해진 일자로 만기가 정해져 있어서 만기 이전에 이를 수행해야 합니다. 선물형으로 상장된 ETF는 운용사들이 롤오버를 진행합니다. 그렇기 때문에 선물형을 오랫동안 투자하면 내가 생각하는 것과 다른 수익률이 나올 수 있습니다. 롤오버 비용이 발생하기 때문입니다.

롤오버는 짧은 만기(근월물)를 매도하고 다음 만기(원월물)를 매수하는 것입니다. 거래가 많은 원유(WTI, 서부텍사스산중질유) 선물을 예를 들어보겠습니다. 원유 선물의 경우 만기 월물마다 여러 이유로 인해 가격 차이가 발생하는데 이때 어떤 상황이냐에 따라서 손실이 날 수 있고, 이익이 날 수도 있습니다. 이 가격 구조를 이해하는 것이 선물 ETF 투자의 핵심입니다. 다음 두 가지 용어를 이해해야 합니다.

- **콘탱고** Contango : 콘탱고란 현물 또는 근월물 가격이 원월물 가격보다 싼 상황을 의미합니다. 운용사는 이럴 경우 싼 근월물을 팔고 비싼 원월물을 사기 때문에 롤오버시 비용이 발생합니다. 이런 경우에는 ETF 가격은 이러한 비용을 반영하여 지속적으로 하락합니다.
- **백워데이션** Backwardation : 백워데이션은 현물 또는 근월물 가격이 원월물 가격보다 비싼 상황입니다. 비싼 것을 팔고 싼 것을 사기 때문에 ETF 가격은 롤오버 진행에 따라 소폭 상승합니다.

다음은 미국 시카고상업거래소에 상장되어 있는 WTI 선물 가격입니다.

월물	가격(USD)
2025.12월	59.98
2026.1월	59.85
2026.2월	59.65
2026.3월	59.32
2026.4월	59.16

그림 1-23 WTI 선물 가격 추이
(출처: 시카고상업거래소 CME)

  ETF의 시대 — 왜 아직도 종목 고민을 합니까

미국의 원유선물이 1개월 단위 만기로 상장되어 거래됩니다. 최근 월물이 가장 거래가 많이 되며 시간이 지남에 따라 다음 달 만기로 교체 매매가 이루어집니다.

가격을 보면 2025년 12월이 가장 비싸고 만기가 많이 남아있을 수록 싸집니다. 즉 현재는 백워데이션 상태입니다. 이럴 경우 WTI 원유 선물 ETF는 롤오버를 함에 따라 조금씩 이익이 생기게 됩니다(거래 비용 등이 추가로 들기는 합니다).

문제는 콘탱고 상황입니다. 일반적으로 콘탱고 상황이 발생하는 경우가 더 많습니다. 콘탱고 구조가 지속되면 매월 롤오버할 때마다 비용이 발생하게 되어 WTI가 지속적으로 상승하더라도 ETF의 수익률은 그만큼 안될 수 있습니다. 선물 추종 상품은 장기 투자 시에는 선물 시장에 대한 분석이 필요합니다. 이러한 리스크를 제어하기 위해서는 현물을 직접 투자하는 ETF나 합성형 ETF가 좋습니다.

PART

2

ETF 계좌 개설하기

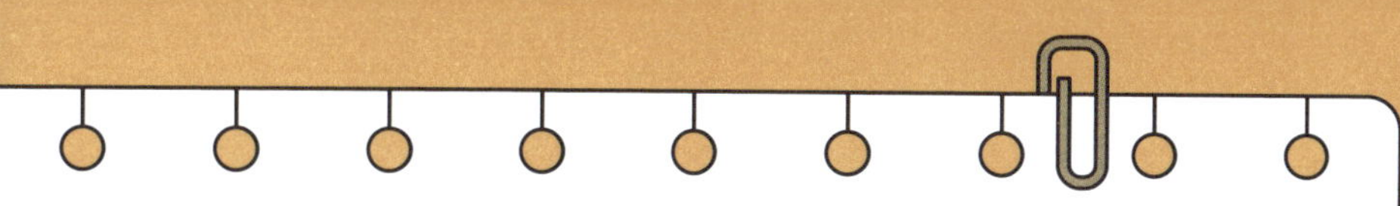

01

ETF 투자 계좌의 특성

ETF는 주식과 같이 거래됩니다. 그래서 주식 거래가 가능한 계좌면 ETF 매매가 가능합니다. 그러나 ETF는 거래하는 계좌에 따라서 이익에 대한 세금이 다릅니다. 그래서 ETF를 매매할 계좌를 전략적으로 선택하는 것은 세후 투자 수익률을 높일 수 있습니다.

ETF 투자에 알맞은 계좌 찾기

ETF를 거래하기 위해서는 계좌가 필요합니다. 주식과 같이 거래소에서 장내로 거래되기 때문에 여러 가지 편의성 측면에서 증권사의 계좌를 통해서 거래하는 것이 편리합니다.

투자하는 자금의 성격에 따라 투자 계좌를 잘 선택해야만 세후 수익률이 좋아집니다. 장기 투자가 가능하면 절세효과가 높은 계좌를 먼저 투자하고 일반 주식계좌를 하는게 좋습니다. 만약 단기 투자 목적이라면 ISA 계좌 및 일반 주식계좌를 활용하면 됩니다. ISA 계좌를 활용하면 세금 혜택과 함께 투자 원금까지는 언제든지 출금하는데 문제가 없으니 이 부분을 먼저 활용하면 됩니다.

장기 투자자라면 가장 먼저 ETF를 투자할 계좌는 연금저축 계좌 및 IRP 계좌입니다. 연간으로 연금저축 계좌 600만 원, IRP 계좌로 추가 300만 원까지는 **납입금액에 대하여 세액공제**를 받습니다. 계좌에 납입만 하고 아무런 투자를 하지 않더라도 본인 소득 및 납입금액에 따른 세액공제가 되니 여유자금이 있다면 꼭 가지고 있어야 하는 계좌입니다. 연금저축 계좌는 추가적으로 투자를 통해 얻은 수익에 대해서 낮은 세율로 과세가 이연되는 효과가 있습니다. 그래서 2025년 현재 최대 연간 납입금액 한도인 1,800만 원을 채우

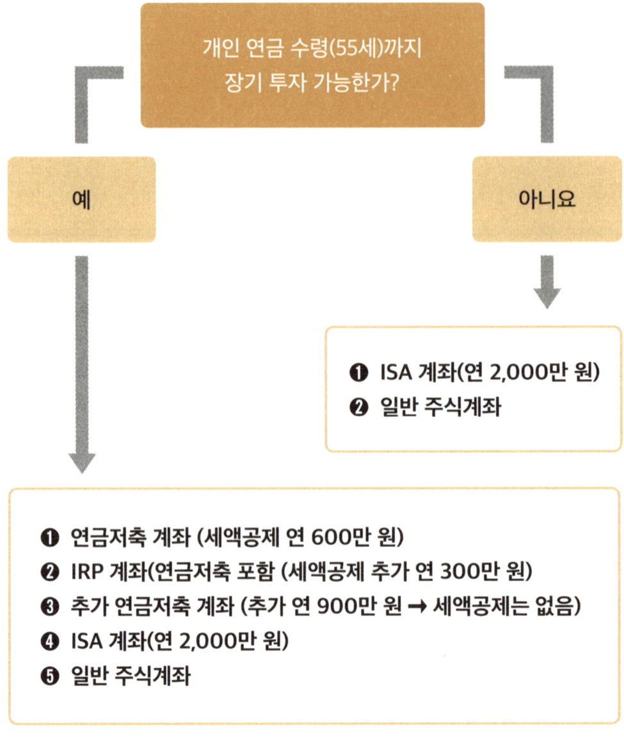

그림 2-1 나에게 맞는 계좌 찾기

기 위해 추가로 연금저축 계좌 900만 원을 납입하면 1,800만 원의 투자 수익에 대해서 연금 수령 시 낮은 세율(약 3.3~5.5%)을 적용받게 됩니다. 추가적으로 ISA 계좌로 2,000만 원을 투자한다면 총 연간 3,800만 원 투자금까지 절세 계좌를 활용할 수 있습니다. 그리고 투자를 더 하고 싶다면 그 이상 되는 금액에 대해서는 일반 주식계좌를 활용하면 됩니다. 채권형, 파생형의 경우에는 절세 계좌를 활용하면 됩니다. 주식형 ETF의 경우 매매차익에 대해서는 비과세이

    ETF의 시대 ─ 왜 아직도 종목 고민을 합니까

기 때문에 일반 계좌를 통해서 운용하면 됩니다. 원하는 시점에 언제든지 투자금을 조정할 수 있기 때문입니다. 주식 배당금은 과세 대상이므로 고배당 주식에 투자할 때는 절세 계좌를 이용하는 게 좋습니다.

일반 주식계좌를 활용하여 ETF에 투자하면 주식형의 매매차익 등을 제외하고 배당소득세(15.4%)가 원천징수되고, 금융소득종합과세 대상자(2천만 원)가 되면 누진세율(6.6~49.5%)에 해당하게 됩니다. 그러나 ISA 계좌에서는 순수익 200만 원까지 비과세이고, 그 이상의 수익금은 9.9%로 분리과세가 됩니다. 연금저축 계좌 및 IRP 계좌에서 ETF에 투자하면 금융소득이 발생해도 이 돈을 찾을 때까지 과세하지 않습니다. 55세 이후 연금으로 수령할 경우라도 3.3~5.5%의 낮은 세율로 내기 때문에 세부담도 적습니다(다만 연금 수령 세율은 실제 연금 수령 시기에 따라 달라질 수 있습니다).

연금저축 계좌를 통한 투자는 절세효과를 보면서 자산을 증식시킬 수 있는 좋은 계좌이기 때문에 그림 2-2와 같이 각 운용사들은 홈페이지 첫 화면에 ETF로 연금 투자하는 것에 대해서 메뉴를 만들고 자세한 설명을 하고 있습니다. 연금저축 계좌에서는 개별 주식 거래가 금지이기 때문에 ETF를 통해서 투자하는 것을 적극 추천합니다.

삼성자산운용: https://www.samsungfund.com/etf/main.do

미래에셋자산운용:
https://investments.miraeasset.com/tigeretf/ko/main/index.do

   ETF의 시대 — 왜 아직도 종목 고민을 합니까

그림 2-2 연금 투자가 연결되어 있는 각 ETF 운용사 홈페이지 첫 화면 메뉴

세금은 수익이 발생한 것에 대해서 납입하는 것이 원칙입니다. 투자 수익금에 따라 계좌별로 세금이 다르게 책정되고 있습니다. 2025년 현재 ETF에 대한 과세는 계좌별로 그림 2-3과 같습니다.

일반 계좌는 해외 상장 ETF에 투자할 수 있지만 수익에 대해서는 250만 원을 초과하는 경우 22%의 세금을 내야하기 때문에 국내에서 투자하는 것에 비해 세율이 높습니다. 국내에서 해외 대표지수 등을 투자할 때는 ISA나 연금저축 계좌, IRP를 통해서 세금을 줄이면서도 투자가 가능합니다. 국내 상장 ETF 투자 수익에 대한 과세는 과세의 원천에 따라 다르며 매매차익에 따른 세금은 그림 2-4

계좌유형	세금구조
일반 주식계좌	· **국내 상장 국내 투자 ETF** : 분배금 15.4% · **국내 상장 해외 투자 ETF** : 매매차익 + 분배금 15.4% · **해외 상장 ETF** : 양도세 22%(연간 250만 원까지 비과세)
ISA	· 순수익 * (배당/이자) 200만 원(서민형 400만 원)까지 비과세 · 초과수익은 9.9% 분리과세 * (수익-손실)
연금저축계좌	· 운용중 수익 비과세, 연금 수령 시(55세) 연금소득세(3.3~5.5%)
IRP (개인형퇴직연금)	· 운용중 수익 비과세, 연금 수령 시(55세) 연금소득세(3.3~5.5%)
퇴직연금 DC	· 운용중 수익 비과세, 연금 수령 시(55세) 연금소득세(3.3~5.5%)

그림 2-3 ETF 계좌별 세금

구분	국내상장 국내주식형 ETF	국내상장기타자산ETF (국내채권,원자재, 레버리지,인버스 등)	국내상장 해외주식형 ETF
매매차익	비과세	배당소득세 15.4%	배당소득세 15.4%
분배금	배당소득세 15.4%	배당소득세 15.4%	배당소득세 15.4%

그림 2-4 ETF 투자 수익에 대한 과세 제도

와 같습니다. 연간 금융소득이 2천만 원 초과 시 금융소득종합과세 적용됩니다.

RISE 200과 같은 종목에 투자해서 매매차익(분배금 없이)만 발생했다면 세금이 부과되지 않습니다. 하지만 RISE 200선물레버리지나 RISE 200선물인버스에 투자했다면 이익금의 15.4%가 배당소득세로 계산됩니다. 레버리지나 인버스 상품은 기타자산으로 분류되기 때문입니다. 그래서 국내 상장 기타자산이나 해외 주식형에 투자한다면 세금을 줄이는 투자 방안이 필요합니다.

절세는 투자에서 실질 수익률을 바꾸는 큰 요소입니다. 1천만 원으로 RISE 미국S&P 500 ETF에 투자해서 20%의 수익을 얻어서 매도하는 상황을 가정해보겠습니다(거래 비용이 없다고 생각해보겠습니다).

계좌	과세방식	수익	세후수익
일반 계좌	국내 상장 해외 ETF 15.4%	200만 원	169.2만 원
ISA	200만 원까지 비과세	200만 원	200만 원
IRP	연금 수령 시 저율 과세	200만 원	200만 원(미인출 시)
연금저축계좌	연금 수령 시 저율 과세	200만 원	200만 원(미인출 시)
퇴직연금DC	연금 수령 시 저율 과세	200만 원	200만 원(미인출 시)

그림 2-5 계좌별 과세에 따른 수익 비교표

※ 2025년 현재 IRP, 연금저축, 퇴직연금계좌는 55세 이후 연금 수령 시 연금 수령 금액에 따라 다른 세율이 적용되고 있습니다. 연금 수령액이 연 1,200만 원 이하 시 선택적 분리과세로 (3.3%~5.5%) 적용되며, 1,200만 원 이상 시에는 종합소득 과세 대상입니다.

일반 주식계좌에서 거래를 할 경우 200만 원 수익에 대해서 15.4% 세금(308,000원)을 내야 합니다. 그러면 수익은 1,692,000원이 되고 수익률은 16.9%가 됩니다. 그런데 이를 ISA에서 거래했다면 (다른 수익이 없다면) 200만 원이 그대로 내 수익이 됩니다. 수익률이 20%가 됩니다(추후 인출시 세금이 발생하지만 3.3~5.5%로 낮은 비율로 과세가 됩니다). 연금저축 계좌나 개인형 퇴직연금계좌도 연금 수령 때까지 가지고 있다면 20% 수익률이 유지됩니다.

일반 주식계좌는 수익과 손실이 나면 수익이 발생한 부분에 대해서 과세가 되지만 ISA 계좌의 경우 수익과 손실을 합산하여 순수익 부분에 대해서만 과세가 되는 장점도 있습니다. 일반 주식계좌에서 A 종목이 200만 원의 이익이 나고 B 종목이 100만 원의 손실이 나면 200만 원이 과세기준이 되지만 ISA 계좌 기준으로는 100만 원이므로 과세기준은 100만 원이 됩니다.

그림 2-6 계좌에 따른 과세 기준 차이

커버드콜 (Covered Call) ETF의 과세

국내 주식형 커버드콜 ETF는 분배금 중 옵션 프리미엄과 국내 주식 매매차익 부분은 비과세입니다. 같은 분배금으로 투자자에게 지급되더라도 이자로 지급되는 것과 달리 옵션이라는 주식 파생상품을 매매하여 나온 재원으로 분배를 하기 때문입니다. 각 회사별로 이러한 정보를 홈페이지에서 알려주고 있으며 실제로 과세/비과세 금액을 구분하여 나타내고 있습니다.

그림 2-7은 KODEX 200타겟위클리커버드콜 상품의 최근 분배금에서 주당 과세표준액을 따로 나타낸 것입니다. 분배금의 재원 여부에 따라서 과세액이 결정되기 때문에 월분배 상품임에도 세금을 적게 내는 상품도 있습니다.

지급 기준일	실지급일	분배율(%)	분배금액(원)	주당과세 표준액(원)
25.12.15	25.12.17	1.46%	196	3
25.11.14	25.11.18	1.41%	196	0
25.10.15	25.10.17	1.40%	172	8
25.09.15	25.09.17	1.41%	161	6
25.08.14	25.08.19	1.45%	163	8
25.07.15	25.07.17	1.42%	161	10
25.06.13	25.06.17	1.42%	150	4
25.05.15	25.05.19	1.43%	139	5
25.04.15	25.04.17	1.44%	132	58

그림 2-7 KODEX 200타겟위클리커버드콜 분배금 및 과세 표준액 추이
(출처 : 삼성자산운용 홈페이지)

02

ETF 거래 준비

ETF 거래는 주식 거래와 동일합니다. 주식 거래 계좌가 있으면 ETF 거래가 가능합니다. 그런데 연금저축 계좌와 같이 개별 주식을 거래할 수 없는 계좌에서도 ETF 거래가 가능하고 앞서 언급하였듯이 ISA 계좌를 활용하면 세제 혜택도 있습니다.

일반 주식계좌

ETF는 주식과 같이 정규시장 개장시간에 거래가 가능합니다. 그래서 주식 거래가 가능한 증권사의 계좌를 가지고 있다면 지금 바로 거래가 가능합니다. 해외 주식 거래 가능 계좌의 경우 해외 상장 ETF도 자유롭게 거래가 가능합니다. 국내 주식 거래 계좌는 국내 주식계좌에서 종목명을 검색하거나 종목코드를 입력하면 바로 확인이 가능합니다. 주식과 같은 방식으로 거래가 가능합니다.

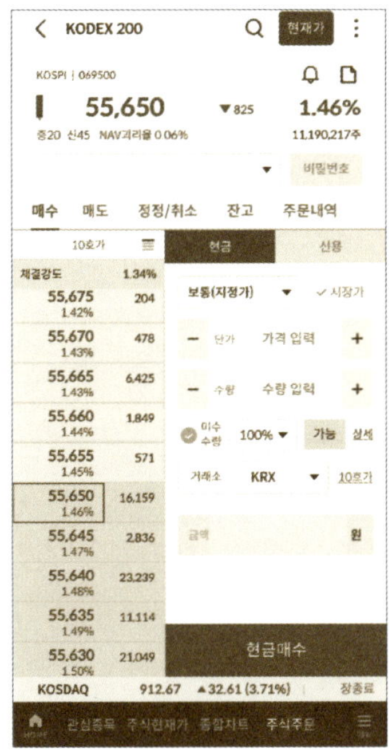

그림 2-8 삼성증권 모바일앱의 주식 거래 화면

    ETF의 시대 — 왜 아직도 종목 고민을 합니까

그림 2-8은 삼성증권 모바일 앱에서의 주식 거래 화면입니다. 일반 주식계좌와 같이 동일한 화면에서 거래가 가능하며 거래도 동일한 방법으로 가능합니다. 국내 주식형 ETF만 거래를 한다면 매매차익에 대한 비과세로 인해 세후 투자 수익률은 비슷합니다. 분배금에 대해서 15.4%의 세금이 있어 고배당주 등에 투자하는 국내 주식형 ETF를 투자한다면 세후 수익률은 좀 더 낮아질 수 있습니다. 일반 증권사 앱에서도 ETF를 추천하는 메뉴가 잘 되어 있습니다.

ISA 계좌 활용하기

ISA Individual savings account란 개인종합자산 관리 계좌로서 1개의 계좌에서 예금, 펀드, ETF, ELS 등의 상품을 다양하게 거래할 수 있는 계좌입니다. 은행/증권사 등에서 계좌 개설이 가능합니다. 연간 2천만 원까지 가입이 가능하며 의무기간은 3년이며 원하면 2년 연장이 가능하고 투자 기간 동안 총 1억 원까지 가입이 가능합니다. 가입 대상에 따라 일반형, 서민형, 농어민형으로 구분됩니다.

ISA는 계좌를 활용함에 있어서 신탁형/일임형/중개형으로 구분됩니다. 여기서 ETF가 투자 가능한 계좌는 신탁형, 중개형이며 매

구분	일반형	서민형	농어민
가입대상	19세 이상 거주자 15세 이상 19세 미만 근로자	총급여액 5천만 원 이하 소득금액 3천8백만 원 이하사업자	농어민 (소득금액 3천8백만 원 이하)
가입금액	연간 2천만 원 한도 (총 1억 원, 이월가능) ※ 재형저축, 소득공제 장기펀드 보유자는 한도에서 해당상품 차감 후 금액		
가입기간 연장	가능(만기일 3개월 전부터 만기일 전일까지)		
비과세한도	200만 원	400만 원	400만 원
의무기간	3년	3년	3년
가입불가대상	직전 3년 중 1회이상 금융소득종합과세 대상자		

그림 2-9 ISA 계좌 가입 대상별 분류

매를 활발히 하는 투자자에게는 중개형을 추천합니다. 그림 2-10에 서는 활용법에 따라 ISA 계좌를 분류하였습니다. 신탁형과 투자중 개형은 투자자가 직접 상품을 선택한다는 공통점이 있는데, 신탁형 은 운용지시(구체적으로 어디에, 어떻게 투자하는지 지정하는 것)를 통해 은행/ 증권/보험사가 매매를 하는 형태이고, 중개형은 투자자가 직접 매 매를 한다는 차이점이 있습니다.

구분	신탁형	일임형	중개형
계좌개설	은행/증권사/보험사	은행/증권사	증권사
투자가능 상품	펀드/ETF/리츠/예금 RP/ETN/ELS/DLS	ETF/펀드	주식/채권/펀드/ETF/리츠/ 예금 RP/ETN/ELS/DLS
운용자	고객 상품 선택 (운용지시)	은행/증권 운용	고객 상품 선택 (직접매매)

그림 2-10 ISA 계좌 활용법에 따른 분류

 ETF의 시대 — 왜 아직도 종목 고민을 합니까

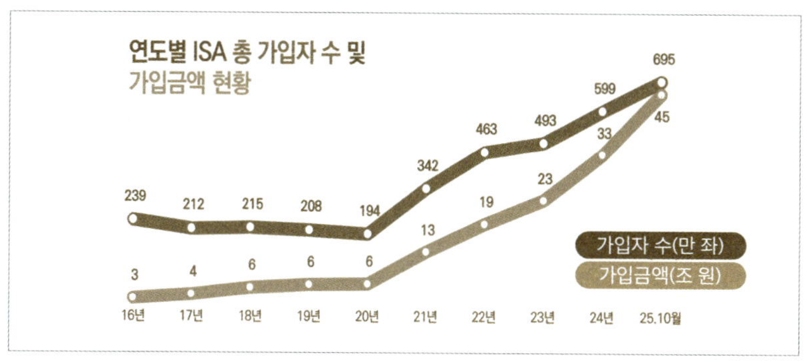

그림 2-11 연도별 ISA 계좌 가입자 및 투자금액 추이 (출처 : 금융투자협회)

2025년 10월 기준으로 약 694만 명이 가입해 있으며 가입자 수 기준으로 중개형이 84.8%로 대부분을 차지하고 있습니다. 신탁형은 13.3%, 일임형은 1.9%입니다. 그림 2-11을 보면 코로나가 심하던 2020년 이후 가입자가 급격히 늘어나는 것을 볼 수 있습니다. 본격적으로 투자에 대한 관심도가 높아지던 시기에 절세 계좌를 통해서 많은 투자가 이루어 졌음을 알 수 있습니다.

중개형 ISA 계좌에서는 국내 상장 ETF에 대해서만 거래가 가능합니다. 레버리지, 인버스 같은 상품도 거래가 가능하며, 세제 혜택이 있는 계좌입니다. 레버리지, 인버스와 같은 상품을 거래하기 위해서는 의무교육을 이수하고 일정 수준 이상의 계좌 잔고를 유지해야 투자가 가능합니다. 또한 해외지수에 투자하는 국내 상장 상품에 대해서도 자유롭게 투자가 가능하기 때문에 세후 수익률을 높일 수 있으면서 글로벌 분산 투자까지 가능한 계좌입니다.

증권사에서 중개형 ISA 계좌를 만들어 보도록 하겠습니다. 원하는 증권사를 선택하고, ISA 계좌가 포함된 계좌 개설을 진행하면 됩니다. 그리고 ISA 계좌를 선택하고, 일반 주식매매창에서 일반 주식처럼 ETF를 매매하면 됩니다. 그림 2-12는 삼성증권의 모바일 첫 화면입니다.

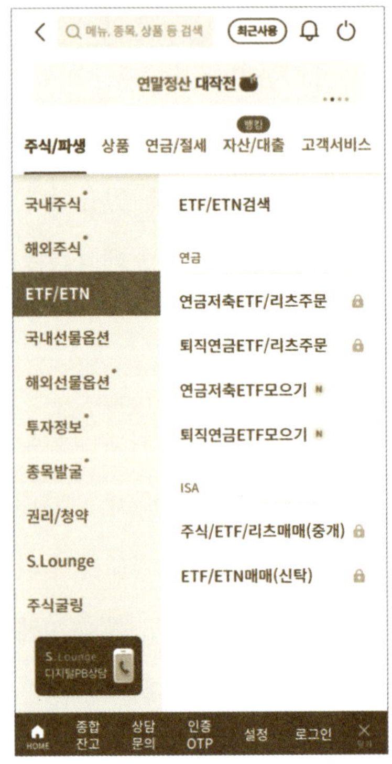

그림 2-12 삼성증권 모바일 앱 첫 화면

그림 2-13 삼성증권 계좌 개설 화면

　　　　　ETF의 시대 — 왜 아직도 종목 고민을 합니까

그림 2-14 필요한 계좌만 만들기

ETF/ETN에 대한 투자 관심이 많아지면서 주식 카테고리 밑에 ETF/ETN을 따로 두었습니다. 하위 메뉴로 연금/ISA를 나누고 있는데 이는 ETF를 이 두 계좌에서 거래하는 것이 여러 가지로 좋다는 것을 의미하는 것입니다. 계좌가 없다면 그림 2-13처럼 계좌개설 화면에서 신규 계좌를 개설하면 됩니다. 복합계좌를 만들기 싫다면 그림 2-14처럼 특정 계좌만 선택해서 만들 수도 있습니다. 중개형 ISA의 경우 일반 주식 거래와 동일하게 하면 됩니다.

신탁형 ISA의 경우에는 절차가 다릅니다. 우선 신탁형 ISA 계좌의 경우 투자 성향 분석이라는 단계를 거쳐야 합니다. 그림 2-15는 국민은행 앱에서 필자의 투자 성향을 분석한 등급입니다. 몇 가지 질문에 답을 하면 투자 성향이 나오게 되는데 너무 낮은 투자 등급이면 신탁형에서는 일부 주식형 ETF가 보이지 않아서 투자가 불가능할 수도 있습니다. 공격투자형 정도 되어야 모든 ETF에 투자가 가능하다고 보면 됩니다.

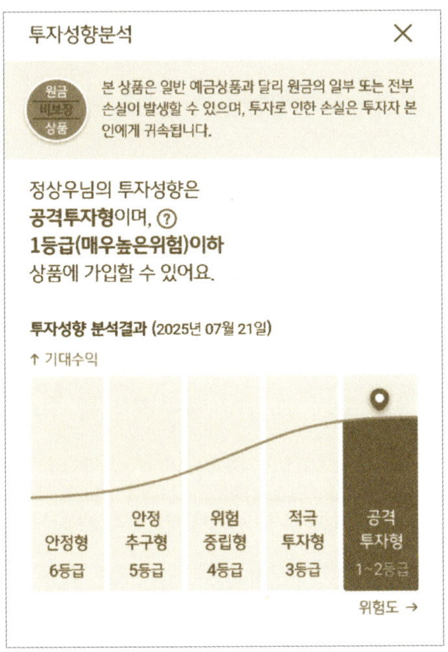

그림 2-15 투자 성향 분석 화면

투자 성향에 따라 투자 가능 ETF들이 검색됩니다, 그러나 상장된 모든 ETF가 보이는 것은 아닙니다. 각 은행 및 증권회사에서 가능한 상품들만 올려놓기 때문에 투자를 자유롭게 할 수 없습니다. 종목을 선택하면 신청 절차를 거치게 되는데 여러 설명서에 동의를 해야 합니다(원금 손실 가능성이 있기 때문에 이러한 절차가 생겼습니다). 그리고 모두 완료되면 해피콜 설문 등을 하게 되고 매수신청이 완료됩니다. 신청이 끝났다고 바로 매수가 이루어지지 않습니다. 실시간 매매가 아니라 예약 매매처럼 처리가 됩니다.

ISA는 개인당 한 개의 계좌만 개설이 가능하기 때문에 내가 어떤 목적을 가지고 어떻게 할 것인지에 따라 업권을 선택하고, 운용 방식을 선택하는 것이 매우 중요하다고 할 수 있습니다. ETF를 주로 매매하고 싶다면 증권사 중개형 ISA 계좌를 추천합니다. 중개형 ISA 계좌는 투자자가 직접 투자 상품을 선택하고 매매가 가능한 계좌입니다. 주식, 채권 등 유가증권을 직접 투자가 가능하고 펀드, ETF, 리츠와 같은 투자금융 상품도 자유롭게 투자가 가능합니다. 단 해외 주식의 직접 매매는 되지 않습니다. 신탁형에 비해 수수료가 낮으며 실시간으로 매매가 가능한 것이 가장 큰 장점입니다.

연금저축 계좌 / IRP로 거래하기

연금저축 계좌란 일정 기간 납입 후 연금 형태로 인출할 경우 연금소득으로 과세되는 세제 혜택 금융 상품입니다. 국민 누구나 가입할 수 있으며 정해진 금융회사 등과 체결한 계약에 따라 '연금저축'이라는 명칭으로 설정하는 계좌를 의미합니다.

- **연금저축보험** : 보험회사와 체결하는 보험 계약
- **연금저축펀드/계좌** : 증권사와 체결하는 집합투자증권 중개 계약
- **연금저축신탁** : 신탁업자(은행)와 체결하는 신탁계약(2018년 이후 판매중지)

세제 혜택 금융 상품은 계속 있어왔습니다. 과거에 개인연금저축, 연금저축 등의 이름으로 운용되었으며 2013년 이후 현재의 체계를 갖추어 연금저축 계좌로 운용됩니다. 기존의 계좌는 유효하지만 현재 새롭게 ETF를 투자하면서 절세를 노린다면 반드시 만들어야 할 계좌입니다. 특히 ETF를 실시간으로 매매하려면 증권사의 연금저축 계좌를 만드는게 효율적입니다.

IRP**개인형 퇴직연금**는 소득이 있는 누구나 가입할 수 있으며 직장을 옮기는 경우 퇴직연금의 과세이연을 유지하기 위해서 의무로 가입

   ETF의 시대 — 왜 아직도 종목 고민을 합니까

해야 하는 계좌입니다. 연간 납입 한도는 연금저축 계좌 합산으로 1800만 원이며, 연간 납입금 중 일부 금액에 대해 세액공제(연금저축 계좌와 합산하여 총 900만 원까지) 혜택이 있습니다. 다만 연금저축 계좌 및 IRP는 장기 투자 및 노후 안정 등을 위한 수단이다 보니 레버리지/인버스와 같은 상품에는 투자가 불가능합니다.

또한 파생형 상품 중에서도 투자가 불가능한 상품이 있습니다. IRP의 경우에는 파생 상품 매매에 따른 위험평가액이 자산총액의 40%를 초과하는 상품, 즉 '선물'로 운용하는 ETF 등에는 투자가 불가능합니다. 그리고 주식 투자 비중이 50% 이상인 ETF에 대해서는 적립금의 70%까지 투자가 가능하고, 50% 미만인 경우 100%까지 투자가 가능합니다.

연금저축 계좌가 주식형 상품 투자 비중이 높기 때문에 주식형 투자 비중을 확대 운용하고 싶은 사람은 연금저축 계좌로 납입 금액을 늘리는 것이 유리합니다. 그림 2-16은 각 계좌에서 투자 불가능한 ETF를 예시로 들었습니다.

계좌	투자제한 사항	투자 비중	예시
연금저축계좌	레버리지 / 인버스	불가	RISE 레버리지, RISE 인버스 등
IRP	레버리지 / 인버스	불가	RISE 레버리지, RISE 인버스 등
	파생형	불가	RISE 국채선물 10년 등
	주식 비중 50% 이상	0~70%	RISE 200, RISE 코스닥 150 등
	주식 비중 50% 미만	100%	RISE 삼성전자SK하이닉스채권 혼합 등

그림 2-16 계좌별 투자 제한 사항 및 ETF 리스트 (예시)

퇴직연금 DC 계좌에서 거래하기

직장인은 퇴직연금에 가입되어 있습니다. 회사가 금액을 보장해 주는 DB형, 본인이 직접 퇴직연금을 관리하는 DC형 둘 중 하나로 선택되어 있습니다. DC형에서는 IRP 계좌와 같은 조건으로 ETF 거래가 가능합니다. 다만 은행 퇴직연금 계좌에서는 ETF를 운용할 때 실시간 매매가 되지 않습니다. 은행 퇴직연금 계좌에서는

 ETF의 시대 ― 왜 아직도 종목 고민을 합니까

일부 ETF만 매매가 가능합니다. 증권사 DC형은 실시간 ETF 매매가 되기 때문에 ETF를 적극적으로 운용하고 싶다면 증권사 DC형 계좌를 선택해야 합니다. 거래방법 및 매매가능 ETF 등과 같은 규제는 IRP와 동일합니다(주식형 비율 70% 등).

　　주식에 보다 많이 투자하고 싶은 투자자라면 안전자산 30%를 채권혼합형으로 선택하는게 좋습니다. 채권혼합형의 경우 '안전자산'으로 분류돼 개인형퇴직연금IRP과 퇴직연금 DC형 계좌에서 의무적으로 채워야 하는 30%에 담을 수 있습니다. 즉 주식형 비율 70%로 주식을 채우고, 30%를 채권혼합형으로 투자하면 주식 투자 비중을 최대 85%(70% + (30% x 50%))까지 올릴 수 있습니다. 채권혼합형의 경우 ETF마다 주식 투자 비중이 20~50%로 다를 수 있으므로 투자 전 주식 투자 비중을 확인해야 합니다.

IRP 계좌란 

- **납입한도** : 연 900만 원(연금저축 합산 세액공제 대상), 연금저축계좌 포함 연 1,800만 원까지 납입가능
- **세제 혜택** : 최대 16.5% 세액공제(지방세 포함)
- **수령 시점** : 만 55세부터 연금으로 수령 가능(중도인출 시 16.5% 과세)
- **과세** : 연금 수령 시 연금소득세(3.3~5.5%) 적용
- **위험자산(주식) 투자 비중** : 70% 가능(일부 은행에서 ETF는 모두 위험자산 분류)
- ETF 매매 가능(증권사 계좌는 실시간 거래, 은행은 지연매매), 레버리지/인버스 불가능
- '선물'운용 불가능, 주식 50% 이상 투자 ETF는 70%까지만 가능

03

ETF 실전 거래

이제 기본적인 용어와 계좌에 대한 이해가 생겼습니다. 지금부터는 어떤 ETF를 어떻게 매매를 해야 하는지 알아볼 차례입니다. 주식을 매매해본 투자자라면 좀 더 이해가 쉬울 수 있습니다.

거래 화면 이해하기 (증권사 앱 활용)

    증권사 앱을 통하면 실제 거래는 일반 주식과 같이 거래가 가능합니다. 거래 용어에 대해서 먼저 알아보겠습니다. 그림 2-17은 일반적으로 볼 수 있는 모바일 주식 매수 화면입니다. 우선 어느 정도로 가격이 형성되어 있는지를 보고, 어느 가격에 주문을 넣을지를 확인해야 합니다. 가격에 따른 주문은 지정가, 시장가 등으로 낼 수 있습니다.

그림 2-17 주식계좌 주문 화면 (KB증권)

- **호가창**Order Book : 현재 시장에서 매수하려는 가격과 매도하려는 가격 및 각 가격대에 주문이 나와있는 주식 수량(잔량)을 실시간으로 보여주는 화면입니다.

- **지정가**Limit Order : 특정 가격을 지정하여 주문하는 방식입니다. 지정한 가격 또는 그보다 유리한 가격(매수는 더 낮은 가격, 매도는 더 높은 가격)으로 체결됩니다.

- **시장가**Market Order : 시장에서 가장 유리한 가격(가장 낮은 매도 호가 또는 가장 높은 매수 호가)으로 즉시 체결하는 주문 방식입니다. 가격 지정을 하지 않기 때문에 바로 체결할 수 있지만 호가가 많이 없는 경우 예상치 못한 가격에 체결될 수도 있습니다.

- **체결가**Transaction Price : 실제로 거래가 이루어진 가격입니다.

- **체결량**Transaction Volume : 해당 가격으로 체결된 주식 수량입니다.

ETF 중에 거래량이 적은 종목들이 있습니다. 일반 주식과 달리 개인보다는 기관 투자자들이 주로 하는 채권형 상품이나 상장 최소금액(50억원 이상) 수준으로 규모가 줄어든 종목들이 그렇습니다.

하지만 일정 호가 범위 내에서 유동성공급자LP들은 매수/매도 호가를 의무적으로 내면서 시장거래를 유도합니다. 하지만 LP들도 호가를 의무적으로 내지 않아도 되는 시간이 있습니다. 개장 후 5분 및 동시호가(오전 08시 30분~9시, 오후 3시 20~30분)입니다. 해당 시간에는 투자자들끼리 매수/매도를 하며 거래가 되기 때문에 해당 시

간에는 급격하게 한 방향으로 투자자가 몰릴 경우 괴리율의 절대값
이 급격히 커질 수 있습니다. 해당 시간에는 되도록 거래를 최소화
하는 것이 좋습니다.

최근에는 대부분의 증권사에서 ETF를 주요 투자 상품으로 인
식하고 있어 모바일 앱으로 접속하면 ETF를 하나의 메뉴로 만들어
놨으며 ETF 메뉴의 하위 선택 항목에서 절세 계좌(연금저축/퇴직연금)
를 선택할 수 있도록 되어 있습니다.

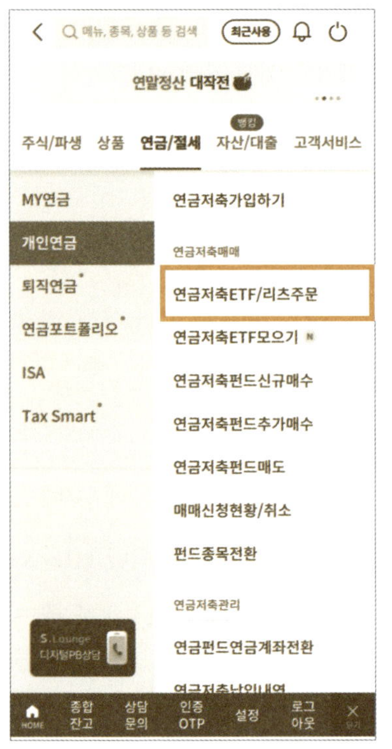

그림 2-18 연금저축 메뉴

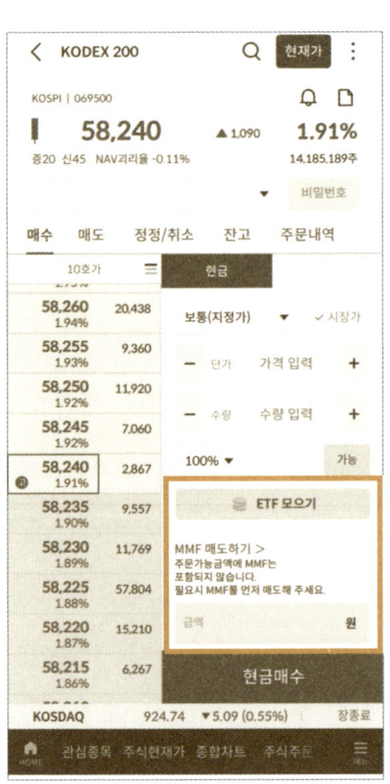

그림 2-19 연금저축 계좌 주문 화면

ETF의 시대 — 왜 아직도 종목 고민을 합니까

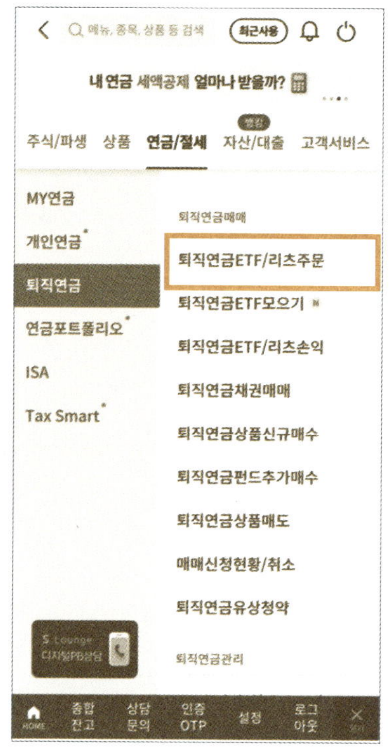

그림 2-20 퇴직연금 메뉴

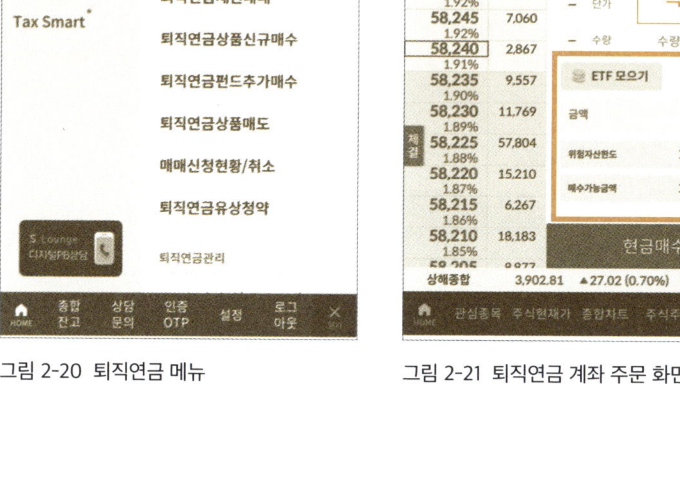

그림 2-21 퇴직연금 계좌 주문 화면

그림 2-18은 삼성증권에서 연금저축 계좌 메뉴를 선택할 때 나타나는 하위 화면입니다. 연금저축 계좌에서 매매를 하기 위해 가장 먼저 나오는 것이 연금저축 ETF/리츠 주문 메뉴입니다. 연금저축 ETF/리츠 주문을 선택하면 그림 2-19와 같은 화면이 나옵니다. 일반 주식 주문 화면과 매우 비슷하지만 다른 점은 오른쪽 아래에 ETF 모으기와 MMF 매도하기가 있습니다. 퇴직연금은 그림 2-20, 그림 2-21과 같습니다. 퇴직연금은 위험자산 투자한도가 70%로 제

그림 2-22 ETF 모으기 화면

한되어 있기 때문에 실제로 계좌에서 투자 가능한 위험자산 비중이 아래에 설명이 나옵니다.

매매타이밍을 고민하기 힘들어하는 분들을 위해서 각 계좌에서 원하는 날, 원하는 만큼 미리 지정한 ETF를 꾸준히 매수할 수 있도록 해놓은 방식도 있습니다. 그림 2-22는 연금저축 ETF 모으기라는 화면인데 시장 타이밍 맞추기가 어렵다고 생각하는 투자자들은

    ETF의 시대 — 왜 아직도 종목 고민을 합니까

이런 적립식 투자를 추천합니다.

위에서 설명한 계좌는 연금저축 계좌 및 IRP이기 때문에 레버리지/인버스를 투자하지 못합니다. 하지만 일반 펀드에서 레버리지/인버스를 투자하기 원한다면 금융투자교육원에서 사전 교육을 이수하고 증권사 앱에 수료번호를 등록해야 합니다.

ETF 투자하기

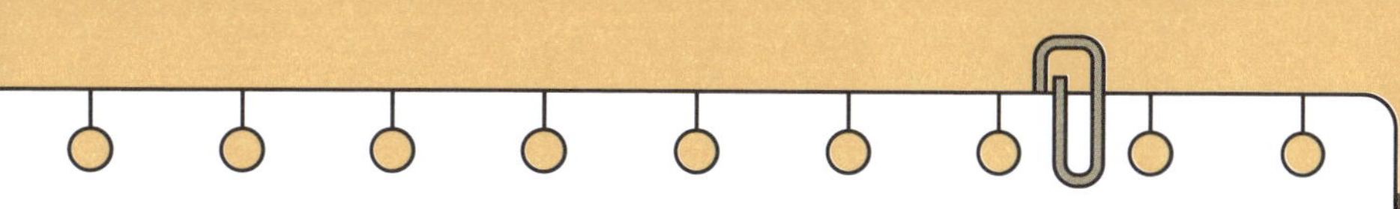

ETF 종목 알기

ETF로 다양한 자산에 투자를 하여 포트폴리오를 구성해 봅시다. 일반 주식은 개별 종목의 상황을 분석하며 투자하지만 ETF는 개별 종목 투자가 아니라 자산배분을 통한 포트폴리오 구성에 적합합니다. 포트폴리오의 구성 방안, 추천 포트폴리오, 투자 전략에 대해 알아보겠습니다.

투자에도 유행이 있고,
ETF로도 높은 수익률이 가능합니다.

2025년도 한 해 동안 우리나라 증시는 높은 상승률을 보였습니다. 2026년 초에는 코스피가 6천 포인트를 돌파하기도 하였습니다. 일반적인 투자자는 ETF가 분산 투자를 하는 상품이다 보니 수익률이 높지 않다고 생각할 수 있습니다. 하지만 2025년도 한해 수익률을 보면 적절한 분산 투자를 통해서도 높은 수익률을 올릴 수 있었습니다.

2025년 한해동안 100% 이상 상승한 ETF 종목은 43개 종목이나 됩니다(레버리지 상품 제외). 레버리지 투자 상품은 300%가 넘는 상승률을 보인 종목들도 있었습니다. TIGER반도체TOP10레버리지(488080)의 경우 2025년 1년 수익률이 307%였습니다. 레버리지라는 높은 위험성에 반도체 관련 주식의 가격 상승이 크게 나타난 결과였습니다. 그림 3-1은 2025년 1년간 가격 상승률이 130% 이상되는 종목들을 보여줍니다.

2025년은 방산으로 시작해서 그래픽카드 등의 활용, 인공지능 AI로 인한 전력 관련 투자 종목에 대한 관심도가 커졌고, 대형주가 우리나라 증시의 상승을 이끌었습니다. 원자재도 폭등하면서 금/

은 가격도 사상 최고가를 갈아 치웠습니다. 우리나라 증시가 호황이어서 2025년에는 국내 주식으로도 등락률이 높은 종목들이 많이 있습니다. 그림 3-1에서 나오는 ETF 중 은선물을 제외하고는 모두 IRP에서 투자가 가능한 종목입니다.

종목코드	종목명	시작일 기준가	종료일 종가	대비	등락률 (%)
449450	PLUS K방산	18,810	52,115	33,305	177.06
434730	HANARO 원자력iSelect	17,240	47,460	30,220	175.29
442580	PLUS 글로벌HBM반도체	16,035	42,920	26,885	167.66
463250	TIGER K방산&우주	11,485	29,800	18,315	159.47
494220	UNICORN SK하이닉스 밸류체인액티브	8,710	21,595	12,885	147.93
487240	KODEX AI전력핵심설비	9,240	22,900	13,660	147.84
473640	HANARO 글로벌금채굴기업	13,230	32,585	19,355	146.30
491820	HANARO 전력설비투자	11,360	27,725	16,365	144.06
474590	WON 반도체밸류체인액티브	7,980	19,410	11,430	143.23
433500	ACE 원자력TOP10	16,950	40,865	23,915	141.09
457990	PLUS 태양광&ESS	8,815	21,190	12,375	140.39
490480	SOL K방산	10,730	25,685	14,955	139.38
139230	TIGER 200 중공업	5,580	13,300	7,720	138.35
0000J0	PLUS 한화그룹주	10,505	24,800	14,295	136.08
144600	KODEX 은선물(H)	5,350	12,605	7,255	135.61
454320	HANARO CAPEX 설비투자iSelect	13,650	32,050	18,400	134.80
367760	RISE 네트워크인프라	9,640	22,635	12,995	134.80
395270	HANARO Fn K-반도체	9,030	20,980	11,950	132.34

그림 3-1 2025년 130% 이상 상승한 ETF
(출처 : data.krx.co.kr, 2025년 1월 2일 시작일~2025년 12월 30일 종료일)

　　　　　　　　　　ETF의 시대 — 왜 아직도 종목 고민을 합니까

시장의 주도주가 급변하는 상황에서도 개별 기업을 분석하지 않고 전체적인 산업의 트렌드에 따라 투자한다면 가격 변동성 리스크를 낮출 수 있고 산업의 성장세에 따른 투자 성과도 나타날 수 있습니다.

이제는 투자자들도 ETF를 주요 투자 수단으로 많이 활용하고 있습니다. 1,000개 이상의 종목, 350조 원이 넘은 순자산 시장에서 2025년도 1년간 총거래 대금은 1,265조 원 수준이었습니다. 큰 돈이 ETF를 투자의 대상으로 움직이고 있습니다. 그림 3-2는 2025년 1년 누적 거래량 10조 원을 돌파한 ETF 리스트입니다. 2025년도에는 코스피 지수가 4분기 이후 지속적인 상승장세를 보이면서 코스피 관련 종목들의 거래대금이 크다는 것을 확인할 수 있습니다. 거래대금이 크다는 것이 좋다/나쁘다의 의미보다는 투자자들의 관심을 많이 받고 있다는 것으로 인식하면 됩니다.

현재 많은 사람들이 ETF에 대해서 관심을 가지고 투자를 시작하고 있는데 투자 목적에 맞게 현명하게 투자하는 것이 필요합니다. 목돈을 만들기 위해 투자를 하는 경우도 있지만 안정적인 현금 흐름을 확보해 삶의 여유와 지속 가능한 재무 기반을 마련하는 것이 필요한 경우도 있습니다.

종목코드	종목명	거래대금(조 원)
122630	KODEX 레버리지	139.5
069500	KODEX 200	112.0
252670	KODEX 200선물인버스2X	103.5
459580	KODEX CD 금리액티브(합성)	61.7
233740	KODEX 코스닥150레버리지	52.1
360750	TIGER 미국S&P500	32.4
229200	KODEX 코스닥150	31.0
114800	KODEX 인버스	28.5
102110	TIGER 200	26.0
379800	KODEX 미국S&P500	24.3
251340	KODEX 코스닥150선물인버스	22.7
466920	SOL 조선TOP3플러스	20.3
381170	TIGER 미국테크TOP10 INDXX	15.9
449450	PLUS K방산	15.7
133690	TIGER 미국나스닥100	13.4
411060	ACE KRX금현물	13.4
091160	KODEX 반도체	13.2
396500	TIGER 반도체TOP10	11.5
488770	KODEX 머니마켓액티브	11.3
305720	KODEX 2차전지산업	11.3
148020	RISE 200	10.1
457480	ACE 테슬라밸류체인액티브	10.0

그림 3-2 2025년 거래대금 누적 10조 원 이상 ETF
(출처 : data.krx.co.kr, 2025년 1월 2일~시작일 2025년 12월 30일 종료일)

   ETF의 시대 ── 왜 아직도 종목 고민을 합니까

투자자 개인의 목적을 이루기 위해서는 좀 더 세밀한 투자가 필요합니다. 투자의 목적에 맞춰 현재의 금융 상황을 이해하며 최선의 투자 포트폴리오를 세워야 원하는 목표를 이룰 수 있습니다. 투자에 대한 막연함과 두려움이 있는 독자들을 위해 비교적 안정성이 높은 포트폴리오부터 알아보도록 하겠습니다.

인컴형 포트폴리오

인컴은 소득/수입을 의미합니다. 투자 수익은 2가지로 나누어집니다. 투자 대상 자산가치의 상승(자본이익, capital gain)과 투자 대상에서 발생하는 이자 및 배당 등(인컴이익, income gain)입니다. 주식의 인컴은 배당이고, 채권의 인컴은 이자이며 커버드콜 인컴은 옵션 매도를 통해 얻는 프리미엄입니다. 대체 투자에서는 부동산 임대수익에 대한 분배금, 도로/인프라 이용료 수익 등의 인컴도 있습니다.

나도 워런 버핏처럼 투자하고 싶다.

인컴 투자는 보유한 자산에서 정기적으로 발생하는 현금흐름에 집중하여 포트폴리오를 구성하는 방식입니다. 우리는 인컴 포트폴리오를 통해 월급처럼 꾸준히 정기적으로 수입을 만들어내는 것을 목표로 합니다. 자산가치(자본이익)의 움직임보다는 안정적인 현금흐름을 통해 단기적 변동성에 덜 영향을 받는 포트폴리오를 구축하는 것을 목표로 삼아야 합니다.

워런 버핏은 다음과 같은 말을 했습니다.

"잠자는 동안에도 돈이 들어오는 방법을 찾아내지 못한다면 당신은 죽을 때까지 일을 해야만 할 것이다."

워런 버핏의 말은 자본 차익 뿐만 아니라 이자 수익이나 배당금 같은 인컴형 수익으로 꾸준하게 돈이 들어오는 구조의 투자를 중요시 하라는 의미입니다. 초기에는 주식 배당을 안정적으로 받을 수 있는 우량기업에 장기적으로 투자를 해야 한다는 것을 의미하는 말이었지만 이제 우리는 다양한 상품에서 인컴을 추구할 수 있게 되었습니다.

인컴 투자의 장점은 현금흐름만이 아니라 포트폴리오 전체의 안정성과 성과 향상에 도움을 줍니다. 인컴 투자의 장점은 크게 두 가지가 있습니다.

● 포트폴리오의 변동성 완화

여러 연구에 의하면 배당 수익을 정기적으로 받는 투자자는 매매 의사 결정을 내리는 빈도가 낮고, 장기적인 투자를 하는 성향을 가지고 있습니다. 현금흐름이 정기적으로 있다는 것은 시장변동성에 대한 대응을 해야 한다는 심리적 부담감이 줄어들고 이로 인해 장기 투자로 이어집니다.

● 리밸런싱 Rebalancing 재원의 확보

리밸런싱이라는 것은 균형을 맞춘다는 뜻입니다. 기존에 내가 투자한 포트폴리오를 보고 조정하는 단계로 보면 됩니다. 이 과정은 투자에 있어서 시대의 흐름을 따라갈 수 있는 것이라 매우 중요하므로 PART 6에서도 다시 한번 언급을 하도록 하겠습니다.

배당금과 이자 수익은 포트폴리오 리밸런싱을 위한 현금성 자산으로 활용할 수 있습니다. 포트폴리오는 시간이 지남에 따라 경제 상황 등 여러 상황을 고려하여 리밸런싱을 해야 합니다. 그런데 리밸런싱을 위해서는 보유 자산을 매도하고, 신규로 매수를 해야 합니다. 이러한 과정에서 매도/매수 가격 등의 차이로 현금이 필요

ETF의 시대 — 왜 아직도 종목 고민을 합니까

할 수 있습니다. 이때 정기적인 현금흐름이 있다면 보유 자산을 매도해서 현금을 마련해야 하는 부담을 줄일 수 있습니다. 예를 들면 미국 주식 투자 비중이 높은 상황에서 미국 주식의 배당이 나온다면 미국의 비중은 자연스럽게 줄어들고 이를 통해 한국 채권에 투자해서 한국 채권 투자 비중을 늘리는 등의 조절이 가능합니다.

투자수익률은 토탈리턴Total Return의 관점에서 계산해야 합니다. 토탈리턴이란 총수익이란 의미입니다. 투자로 인해 발생한 모든 수익을 의미합니다. 주식 투자를 하면 매수한 가격 대비 얼마나 올랐나(자본 차익)에 대해서만 계산을 하기 마련입니다. 그런데 이제는 투자 기간 내에 발생한 인컴수익(배당/이자)에 대해서도 고려하여 투자하는 방식이 필요합니다.

예를 들어 1주당 100만 원 하는 주식을 매수하였다고 생각해봅시다. 1주당 배당금이 5만 원씩 3년 동안 나왔고, 3년 뒤에 주가가 100만 원이라면 3년간의 투자 수익은 얼마일까요? 100만 원에 매수한 주식이 3년 뒤에도 100만 원이라면 수익이 없는 것처럼 생각할 수 있겠지만 3년 동안 총 15만 원을 배당금으로 받았기 때문에 실제로는 연 5%(세전)의 투자 수익률을 낸 것입니다.

총수익 = 자본수익 + 인컴수익

ETF를 활용해서 인컴을 만드는 것은 기존의 다른 금융 상품이나 직접 주식에 투자하는 것에 비해서 더 편리하고 인컴수익률도 올라갑니다. ETF 투자자들 중 이러한 안정적인 인컴소득을 원하는 투자자가 많기 때문에 다양하게 인컴형 상품들이 출시되어 있습니다.

그러나 국내 투자 인컴 자산에 대해서는 기본적으로 15.4%의 과세가 적용되고(커버드콜과 같은 상품에서 발생하는 부분에서는 일부 예외가 있을 수 있습니다) 금융소득 종합과세 대상도 되기 때문에 금융소득이 많은 사람들에게는 불리할 수도 있습니다. 다만, 앞서 알아본 여러 절세 계좌를 활용한다면 세금적인 부분에서는 절약이 가능합니다.

인컴 자산에 대해서 자산별로 알아보고 ETF를 통해서 투자 포트폴리오를 만들어 보겠습니다.

채권의 인컴 : 연 3% 내외 분배수익률 추구

최근에 이러한 인컴이 주목받는 이유는 구조적 이유로 인해 한국 및 미국 등에서 과거 대비 높은 수준의 금리가 유지되고 있기 때문입니다. 인컴형 자산으로 가장 대표적인 상품은 금리에 투자하는

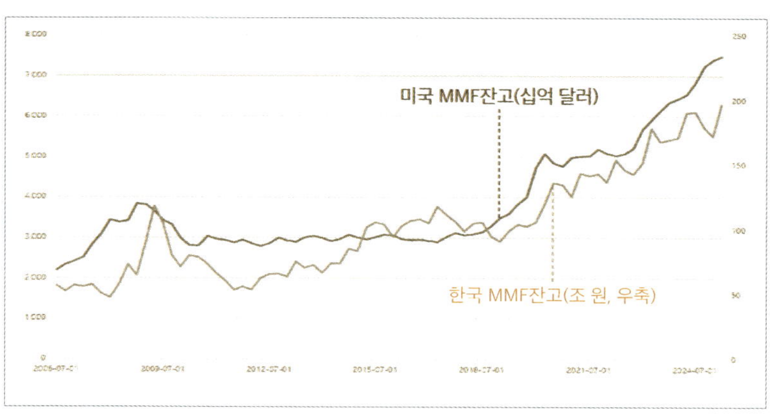

그림 3-3 미국과 한국의 MMF 잔고 추이 (출처 : Fred, 금융투자협회)

채권입니다. 많은 투자자들이 개별 채권에 투자하기에는 거래비용 및 시간소요로 인해 펀드 및 ETF를 통해 채권 투자를 확대하고 있습니다. 가장 안정적인 채권 관련 단기금융투자 상품으로 머니마켓펀드MMF가 있습니다. 2025년 1분기 말 미국의 MMF의 잔고는 약 7조 4천억 달러이며 우리나라 MMF 잔고는 2025년 11월 말 기준 213조 원 수준입니다. 그림 3-3을 보면 최근 급격히 늘어나고 있음을 볼 수 있습니다. 이는 투자자들이 채권형 금융투자 상품 투자를 통해 인컴 기회를 지속적으로 찾고 있음을 보여주는 것입니다.

MMF는 머니마켓펀드Money Market Fund의 약자입니다. 자산운용사가 단기 금융 상품에 집중적으로 투자하여 수익을 얻는 초단기 채권형 펀드입니다. 주로 만기 1년 이내의 우량한 단기금융 상품에 투자합니다. 익일 설정/환매가 가능하며 단기간 예치해도 이익금을 받을 수 있습니다. 일반적인 펀드들은 보유 자산의 가치 변화에 따라 기준가가 움직여 성과의 변동성이 크지만 MMF는 일정 규제로 장부가 평가(시장 상황에 따라 채권 가격이 오르내리는 것을 무시하고 '원금 + 정해진 이자'가 매일 꼬박꼬박 쌓이는 것으로 간주하는 것)가 가능하게 되어 있어 일정 수준의 보유자산 가격 변동이 있더라도 안정적인 수익률을 확보할 수 있습니다.

채권은 정부나 기업이 필요한 기간(만기) 동안 자금을 빌리기 위해 발행하는 차용증서입니다. 정해진 기간 동안 이자를 지급하고 만기에는 원금을 갚습니다. 채권 투자의 가장 큰 매력은 중간중간에 받을 돈(쿠폰, 이자)과 원금을 언제 돌려받는지(만기)가 예측 가능하다는 점입니다. 그래서 고정된 수익을 받는다는 것으로 영어로는 채권을 'Fixed Income'이라고 합니다. 주식의 배당은 기업의 이익에 따라 변동이 생기지만 채권은 처음에 발행될 때 이자가 정해지기 때문에 투자자의 입장에서는 예측 가능성이 높아집니다.

채권 투자자가 반드시 이해해야 하는 점은 다음 세 가지입니다. 이는 채권형 ETF에 투자할 때도 같습니다.

① 금리와 채권 가격은 반대로 움직입니다.
② 채권 가격은 만기(듀레이션)가 길수록 변동성이 높습니다. 채권형 ETF는 이름에 만기가 있습니다. 그래서 해당하는 ETF의 가격 변동성 예측이 가능합니다. 예를 들면, KODEX단기 채권, TIGER중기회사채, ACE 국고채10년, RISE 국고채30년Enhanced와 같이 되어 있고 단기채 가격 변동성이 가장 낮습니다.
③ 신용등급이 낮을수록 금리가 높습니다.

투자섹터에 따라 금리가 다릅니다. 투자섹터가 다른 채권형 ETF를 예로 들어보겠습니다. 보유채권 평균 금리는 'TIGER 단기통안채 〈 ACE단기국공채 〈 RISE중기우량회사채'와 같이 되는데 신용등급이 회사채가 국채나 공사채보다는 낮고, 공사채는 통안채보다 낮기 때문입니다. 통안채는 한국은행이 발행하는 채권이라 신용위험이 없고, 국공채 중 국채는 국가가 발행해서 신용위험이 없지만 공기업들이 발행한 공사채의 경우에는 일부 신용위험이 있습니다. 일반 기업들의 경우에는 공기업들보다 신용위험이 높기 때문에 신용등급이 낮습니다. 신용등급이 낮을수록 돈을 빌리기 위한 이자를 많이 내야 합니다. 그래서 금리는 회사채가 더 높습니다.

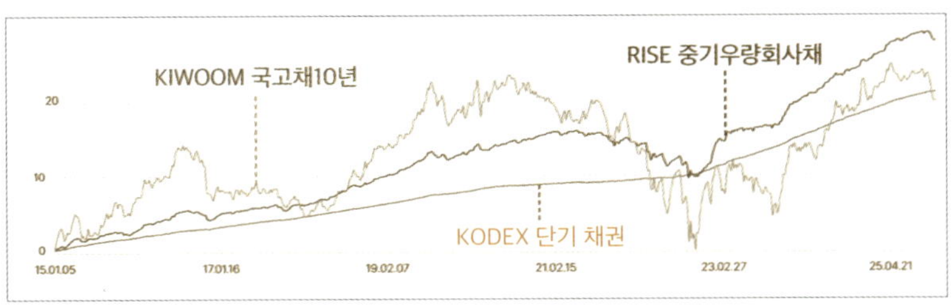

그림 3-4 만기, 신용등급 등에 따른 ETF 장기 성과 추이 (출처 : FunETF)

안정적인 인컴을 원하는 투자자에게는 가격 변동성이 낮은 것이 더 효율적인 대안입니다. 이런 관점에서는 단기/중기 채권에 투자하는 것이 실용적 투자안입니다. 실제 상장 ETF를 분석해 봅시다. 그림 3-4는 상장된 지 10년 이상 된 만기가 구분되어 있는 채권형 ETF 상품의 수익률 차트입니다. 분배의 재투자를 가정하고 만든 차트입니다.

KODEX 단기 채권은 안정적으로 우상향하는 누적 수익률입니다. 만기가 짧은 채권에 투자하여 수익률의 변동성이 낮습니다. 이자 수익이 계속 쌓여 누적 수익률이 완만하게 우상향합니다. RISE 중기우량회사채는 중기채권이면서 회사채에 투자하여 투자 수익률이 높으며 시장 금리 흐름에 따라 수익률 변동성도 있습니다. KIWOOM 국고채10년은 신용도 측면에서는 가장 안전한 국고채권에 투자를 하지만 채권의 만기가 길다 보니 금리 변동성에 따른 가격 변동성이 크게 나타납니다. 만기에 따른 가격의 변동성이 등

ETF의 시대 — 왜 아직도 종목 고민을 합니까

KODEX단기 채권		RISE중기우량회사채		KIWOOM 국고채10년	
2025-12-17	238	2026-01-05	204	2026-01-05	3,742
2025-11-18	252	2025-12-02	210	2025-01-03	4,000
2025-10-17	234	2025-11-04	299	2024-01-03	3,500
2025-09-17	275	2025-10-02	365	2023-01-03	1,200
2025-08-19	259	2025-09-02	125	2021-01-05	2,300

그림 3-5 ETF별 분배금 지급 현황(단위:원)
(출처 : 각각의 회사 홈페이지, 분배금 지급일 기준 2025년말 기준 최근 5회 분배금 지급 현황)

급에 따른 변동성보다 더 크게 나타납니다.

세 상품의 최근 분배 이력을 살펴보면 그림 3-5와 같습니다.

인컴 투자에 대한 관심이 높아지면서 KODEX 단기 채권 및 RISE중기우량회사채 상품은 매월 분배로 분배주기를 바꾸었고, KIWOOM 국고채 10년은 1년에 한 번 분배를 시행합니다. 10~11만 원대 형성되어 있는 각각의 ETF 가격을 고려하면 2~3% 수준의 분배율을 보입니다.

최근에는 KIWOOM 국고채10년이 연간으로는 가장 분배율이 높습니다. 일반적으로 단기 채권보다는 중기, 장기 채권으로 갈수록 채권의 이자율이 높기 때문에 분배도 높아지는 경향이 있습니

다. 회사채가 국고채나 통안채와 같은 무위험 채권에 비해서 이자
율이 높습니다. 이러한 종목들에 투자하는 ETF의 경우에는 수령하
는 이자가 분배금의 재원이 되기 때문입니다.

배당과 분배

ETF를 처음 투자하는 사람들에게 분배라는 단어는 생소할 수 있습니다. 많은
곳에서 배당과 분배를 혼재해서 사용하기도 합니다.

분배와 배당은 투자자에게 이익을 나누어 준다는 점에서 비슷하지만 그 자금
의 원천에서 차이가 있습니다. 배당/분배금이 결정되면 바로 주가에 영향을
주며 배당락/분배락이 발생하게 되어 주가가 하락합니다.

● **배당**Dividend

주로 주식 투자에서 발생합니다. 기업이 벌어들인 이익 중 일부를 주주들에게
나누어 준다divide는 개념입니다. 기업이 이익을 내지 못하면 배당이 없을 수
도 있습니다. 투자가 많이 필요한 회사라면 성장을 위해서 배당을 최소화하고
계속 투자를 늘려서 기업가치를 높여 주주들에게 더 좋은 기회를 줄 수도 있
습니다. 회계기간 결산에 따라 연 1회 배당을 하지만, 최근에는 분기 배당/반
기 배당도 많아졌습니다. 기업의 의사결정에 따라 배당의 시행 유무가 결정됩
니다.

● **분배**Distribution

주로 펀드나 ETF 투자에서 발생하며 운용사가 펀드 내에서 투자하고 있는 자
산에서 발생하는 배당, 이자, 운용수익 등을 투자자들에게 지급하는 것을 의미
합니다. 국내 상장 ETF는 연 1회 이상 분배하도록 되어 있습니다. 인컴 투자자
들을 위한 상품들은 월분배 상품들이 주류를 이루고 있습니다.

   ETF의 시대 — 왜 아직도 종목 고민을 합니까

주식의 인컴 : 연 4% 내외 배당수익률 추구

주식 투자에서 인컴은 기업의 이익을 주주들에게 환원해 주는 배당입니다. 기업이 현금이나 주식을 주주들에게 돌려주는 것으로 주가 상승과 별개로 정기적인 수익을 제공합니다. 기업이 배당을 하려면 이익을 꾸준히 창출해야 합니다. 매출에서 원가, 인건비, 이자비용, 세금 등 각종 비용을 제하고 남은 순이익이 배당의 재원이 됩니다. 그래서 채권보다는 배당금 규모의 변동성이 높습니다.

국내는 배당을 많이 하는 기업에 혜택을 주고 있습니다. 2026년부터 배당이 높은 주식(배당성향 40% 이상 등)에는 금융소득 종합과세 대신 **배당소득 분리과세 특례**가 적용되어 2천만 원까지는 14%, 2천만 원 초과 3억 원 이하는 20%, 3억 원 초과~50억 원 이하는 25%, 50억 원 초과는 30%의 낮은 세율을 적용 받습니다. 이는 기존 최고 49.5% 종합소득세율보다 훨씬 낮은 수준입니다. 그래서 향후 기업들의 배당성향이 높아질 것으로 전망됩니다.

배당성향 Payout ratio은 기업이 회계 기간동안 벌어들인 순이익 중에서 배당금으로 지급한 비율을 의미합니다. 이익의 어느 정도를 주주에게 돌려주는지를 알려주는 지표입니다. 배당성향이 높으면 주주친화적 주식이라고 할 수 있지만 무조건 좋은 것이라고 할 수

는 없습니다. 배당이 과도하게 지급된다면 기업의 미래성장을 위한
재원 확보가 어렵기 때문입니다.

$$배당성향(\%) = \frac{배당지급액}{순이익} \times 100$$

배당주는 일반적으로 2가지로 분류합니다. 높은 배당금을 지급
하는 고배당주와 배당금을 꾸준히 늘리는 배당성장주입니다. 영미
권에서는 배당성장주에 대한 분류가 세부화되어 배당귀족주/배당
킹 등으로도 불립니다.

1. 고배당주

이는 절대적인 개념보다는 상대적인 개념입니다. 배당주 중 상
위 20~30% 수준 이내의 배당수익률을 주는 기업군을 고배당주로
분류하는 경우가 일반적입니다. 우리나라에서는 주로 전력회사, 이
동통신사업자 등 사업구조가 안정적이며 장치 기반의 회사이고 대
규모 투자가 어느 정도 완료된 기업군들입니다. 고배당주로 이루어
진 ETF는 약 3~4%정도의 연분배율을 보여주고 있습니다.

   ETF의 시대 — 왜 아직도 종목 고민을 합니까

종목명	
HANARO K고배당	4.22%
KIWOOM 고배당	4.18%
KODEX 고배당주	4.35%
PLUS 고배당주	3.94%
RISE 고배당	3.40%
TIGER 코스피고배당	3.04%

그림 3-6 고배당 ETF의 연분배율
(출처 : ETF Check, 25년 12월 기준)

- **권장 투자자** : 배당금이 높아 즉각적으로 높은 인컴을 중요시 여기는 투자자에게 적합
- **단점** : 기업 성장세가 정체되어 있는 경우가 많아 주가 상승폭은 상대적으로 낮음

2. 배당성장주

매년 배당금을 꾸준히 늘려온 기업이라는 것은 안정적인 이익 구조와 재무구조를 가지고 있으며 사업성도 좋다고 볼 수 있습니다. 이러한 견고한 시장 지위와 예측 가능한 현금흐름을 보유한 기업들이 배당성장주로 분류됩니다. 우리나라보다는 외국기업(미국기업)에서 이러한 주식들을 많이 찾아볼 수 있으며 대표적으로는 마이크로소프트, P&G 등이 이러한 분류에 속합니다.

- **권장 투자자** : 장기적인 투자 관점에서 인컴 성장을 기대하는 투자자
- **단점** : 초기 수익률이 상대적으로 낮을 수 있음

3. 미국 배당주 ETF

영미권에서는 배당 관련해서 일부 종목을 배당귀족주Divedend Aristocrats/배당킹Dividend King이라고 부릅니다. 배당귀족주는 25년 이상 연속으로 배당금을 늘린 S&P 500 내 기업을 의미하고 배당킹은 50년 이상 연속으로 배당금을 늘려온 초장기 배당 기업을 의미합니다. 미국 S&P에 투자하면서 ETF 이름에 배당귀족/배당킹이 들어가 있는 종목은 다음처럼 3개가 있습니다(2025년 12월 기준).

최근 1년 분배율만 보면 KODEX 미국S&P 500배당귀족커버드콜(합성)H가 가장 좋습니다. 그러나 ETF의 가격 변화로 본 1년 수익률은 차이가 많이 납니다.

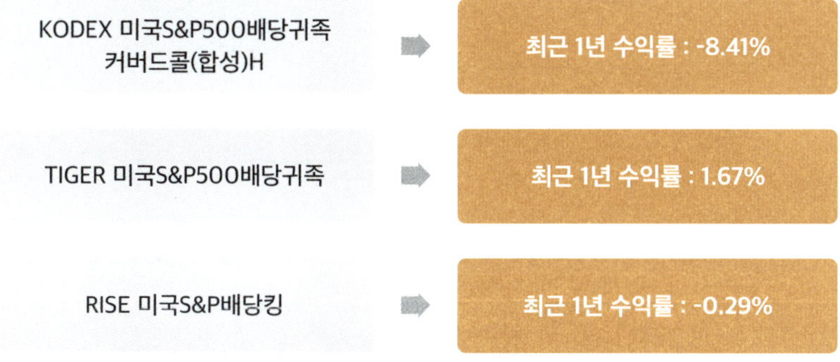

결국 분배율과 투자 수익률 최종은 TIGER 미국S&P 500배당귀족이 가장 좋습니다. 동일기간 TIGER S&P 500은 17.63%가 상승했습니다(분배율은 0.97%). 분배율은 위의 3종목이 S&P 전체 종목 대비해서도 높게 나왔습니다. 배당금을 꾸준히 늘린다면 안정적인 기업입니다. 그렇기 때문에 상대적으로 지수 대비 주식 상승률은 낮은 경우가 많습니다. 특히 성장주가 강세를 보일 경우에는 차이가 더 발생할 수 있습니다.

그래서 다음과 같은 결론을 얻을 수 있습니다.

- 배당주는 주가 변동 폭이 상대적으로 적다.
- ETF 투자 시 수익률을 확인할 때는 분배율 및 가격 변화에 따른 수익률을 포함하는 총수익률Total Return 관점에서 투자해야 한다.

커버드콜 인컴
옵션 프리미엄 : 연 10% 내외 분배율 추구

이전까지 인컴투자는 채권의 이자 및 주식의 배당이 대부분이었습니다. 그러나 최근에는 커버드콜covered call 옵션 전략을 통해 인컴을 창출하는 방식이 많아지고 있습니다. 옵션이라는 것은 어떠한 기초자산을 정해진 가격에 살 수 있는 권리입니다. 권리이기 때문에 옵션 매수자는 그 권리를 실행해도 되고 안 해도 됩니다. 즉, 이익이 되면 실행하겠지만 이익이 안된다면 실행을 하지 않습니다.

커버드콜 ETF에서 전략은 기본적으로 옵션을 팝니다(매도). 옵션은 가격(프리미엄)이 있고 그 가격으로 팔게 되면 산 사람에게서 돈을 받습니다. 즉 ETF에서는 수익이 발생합니다. 옵션은 금융 상품으로 만기가 있는데 짧게는 1일부터 1주일, 1달 등 다양하게 있고 옵션 상품을 계속 팔면서 생기는 수익을 분배합니다.

ETF에서의 커버드콜 투자 전략은 다음과 같습니다.

> **주식보유 + 주식을 살 권리(옵션) 매도**

이는 주가가 하락하더라도 옵션을 매도한 만큼의 수익이 발생

    ETF의 시대 — 왜 아직도 종목 고민을 합니까

해서 분배율은 유지됩니다. 그러나 주가 상승 시 옵션 매수자는 옵션을 실행하고 옵션을 매도한 ETF 수익은 축소되어 추종지수의 상승분을 100% 따라가지는 못합니다. 주가가 크게 오르지 않는 구간에도 일정한 수익을 만들 수 있다는 점에서 인컴형 자산으로 인식됩니다. 과거에는 기관 투자자만 하는 투자 방식이었지만 이제는 ETF를 통해서 개인들도 투자할 수 있게 되었습니다.

ETF 종목명에서 '커버드콜'을 넣어서 검색하면 전체적인 커버드콜 ETF의 리스트를 볼 수 있습니다. 그림 3-7을 보면 상장되어 있는 34개의 ETF 이름입니다. 이름만 보면 너무 복잡하고 이해하기가 어려울 수도 있지만 커버드콜 전략만 잘 안다면 안정적 인컴 수익을 확보할 수 있습니다.

종목코드	종목명
480030	ACE 미국500데일리타겟커버드콜(합성)
480040	ACE 미국반도체데일리타겟커버드콜(합성)
480020	ACE 미국빅테크7+데일리타겟커버드콜(합성)
498400	KODEX 200타겟위클리커버드콜
498410	KODEX 금융고배당TOP10타겟위클리커버드콜
481060	KODEX 미국30년국채타겟커버드콜(합성 H)
483280	KODEX 미국AI테크TOP10타겟커버드콜
276970	KODEX 미국S&P500배당귀족커버드콜(합성 H)
494300	KODEX 미국나스닥100데일리커버드콜OTM
483290	KODEX 미국배당다우존스타겟커버드콜

441640	KODEX 미국배당커버드콜액티브
475080	KODEX 테슬라커버드콜채권혼합액티브
489030	PLUS 고배당주위클리커버드콜
494420	PLUS 미국배당증가성장주데일리커버드콜
290080	RISE 200고배당커버드콜ATM
475720	RISE 200위클리커버드콜
472830	RISE 미국30년국채커버드콜(합성)
490590	RISE 미국AI밸류체인데일리고정커버드콜
490600	RISE 미국배당 100데일리고정커버드콜
491620	RISE 미국테크 100데일리고정커버드콜
473330	SOL 미국30년국채커버드콜(합성)
494210	SOL 미국 500타겟데일리커버드콜액티브
289480	TIGER 200커버드콜
166400	TIGER 200커버드콜OTM
476550	TIGER 미국30년국채커버드콜액티브(H)
493810	TIGER 미국AI빅테크 10타겟데일리커버드콜
482730	TIGER 미국S&P500타겟데일리커버드콜
441680	TIGER 미국나스닥100커버드콜(합성)
486290	TIGER 미국나스닥100타겟데일리커버드콜
458750	TIGER 미국배당다우존스타겟커버드콜1호
458760	TIGER 미국배당다우존스타겟커버드콜2호
474220	TIGER 미국테크TOP10타겟커버드콜
472150	TIGER 배당커버드콜액티브
0000D0	TIGER 엔비디아미국채커버드콜밸런스(합성)

그림 3-7 커버드콜 이름이 들어간 ETF 리스트

  ETF의 시대 ― 왜 아직도 종목 고민을 합니까

커버드콜 인컴 – 손익구조 분석

　커버드콜 전략은 ETF에 투자할 때 필수적인 요소는 아니지만 최근 월분배를 하기 위한 분배금의 재원을 마련하기 위한 수단으로 많이 활용되고 있습니다. 그래서 어떠한 원리로 돈을 주는지 그리고 단점은 뭔지를 알아야 합니다. 커버드콜을 이해하기 위해서는 다양한 전략에 대한 손익구조를 알아야 합니다.

　커버드콜의 손익구조에 대해서 알아보기 위해 다음과 같은 상황을 가정해 보겠습니다.

- 현재 주가 : 50달러
- 콜옵션 행사 가격 : 60달러(옵션 매수자가 주식을 60달러에 살 수 있는 권리)
- 옵션프리미엄 : 10달러(옵션을 매도하고 받는 수익)

　현재 투자자가 주식이나 옵션을 보유하고 있는 포지션에 따라 주가 변화에 따른 투자 손익을 알아 보도록 하겠습니다.

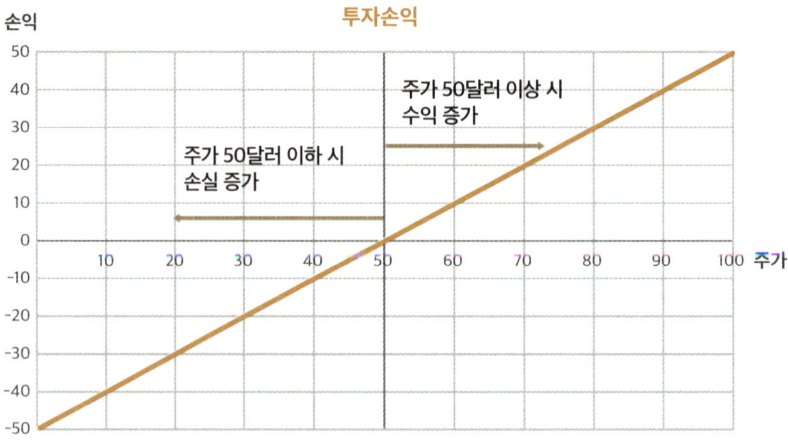

그림 3-8 주식 투자손익

1. 주식만 보유하는 경우(그림3-8)

투자자는 주가가 50달러보다 높으면 이익이 나고 떨어지면 손실입니다. 주가가 계속 상승하면 투자자의 수익도 무한대로 올라가고, 손실은 최대 투자 원금까지만 봅니다.

2. 콜옵션만 매도한 경우(그림 3-9)

주식 없이 옵션만 매도하는 전략입니다. 이익은 제한되는 가운데 손실이 무제한으로 커질 수 있다는 점에서 매우 위험성이 높은 전략입니다. 주가가 60달러 이하에서는 프리미엄 10달러를 옵션 매도자의 수익으로 잡을 수 있습니다. 이후 주가가 60달러에서 70

ETF의 시대 ─ 왜 아직도 종목 고민을 합니까

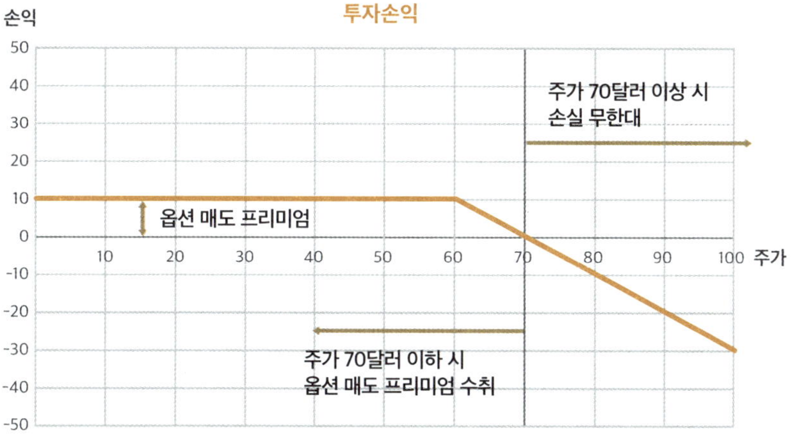

그림 3-9 콜옵션 매도 포지션 투자손익

달러가 될 때까지는 수익이 감소하지만 수익 자체는 플러스입니다. 하지만 주가가 오를수록 손실은 계속 커지는데 옵션 매도자는 주식을 보유하지 않았기 때문에 시장에서 비싼 가격으로 주식을 사서 옵션 매수자에게 주식을 60달러에 지급해야 하기 때문입니다.

3. 커버드콜 전략(주식 보유 + 콜옵션 매도, 그림 3-10)

앞의 2가지 전략을 합친 것이 커버드콜입니다. 주식을 보유하면서 콜옵션을 매도하므로 프리미엄 10달러를 받아 즉시 수익으로 확보합니다. 주가가 상승하는 경우 콜매수자에게 보유주식을 매도합니다.

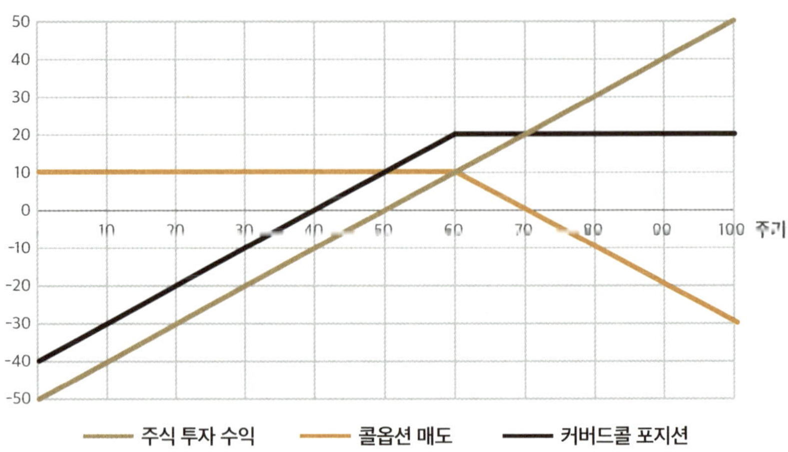

그림 3-10 커버드콜 전략 수익구조

주가가 60달러 이하인 경우에서는 주식 손실이 발생하지만 옵
션 프리미엄 10달러가 완충작용을 합니다. 그 이상으로 오르는 경
우 옵션이 행사되어 주식을 60달러에 매도를 하고 투자자는 주가
상승분(10달러)과 옵션 프리미엄(10달러)을 합한 20달러의 수익이 확
정됩니다.

4. 타겟프리미엄 커버드콜 전략(2세대)

커버드콜 전략은 주가가 크게 오르지 않아도 일정한 수익을 만
들 수 있다는 점에서 인컴 자산으로 활용하기가 좋습니다. 커버드
콜 전략에서 가장 투자하기 좋은 시기는 시장이 횡보할 때입니다.

    ETF의 시대 ― 왜 아직도 종목 고민을 합니까

반면에 주가가 급등하는 경우에는 주식의 상승분을 따라가지 못해
서 성과가 제한된다는 점과 주기적으로 이러한 포지션을 관리를 해
줘야 한다는 불편함이 있습니다.

종목코드	종목명
480030	ACE 미국 500데일리타겟커버드콜(합성)
480040	ACE 미국반도체데일리타겟커버드콜(합성)
480020	ACE 미국빅테크 7+데일리타겟커버드콜(합성)
498400	KODEX 200타겟위클리커버드콜
498410	KODEX 금융고배당TOP10타겟위클리커버드콜
481060	KODEX 미국30년국채타겟커버드콜(합성 H)
483280	KODEX 미국AI테크TOP10타겟커버드콜
483290	KODEX 미국배당다우존스타겟커버드콜
0128D0	PLUS 차이나항셍테크위클리타겟커버드콜
0094L0	RISE 차이나테크TOP10위클리타겟커버드콜
0013R0	RISE 테슬라미국채타겟커버드콜혼합(합성)
494210	SOL 미국 500타겟데일리커버드콜액티브
0104N0	TIGER 200타겟위클리커버드콜
493810	TIGER 미국AI빅테크 10타겟데일리커버드콜
482730	TIGER 미국S&P500타겟데일리커버드콜
486290	TIGER 미국나스닥 100타겟데일리커버드콜
0008S0	TIGER 미국배당다우존스타겟데일리커버드콜
458750	TIGER 미국배당다우존스타겟커버드콜1호
458760	TIGER 미국배당다우존스타겟커버드콜2호
474220	TIGER 미국테크TOP10타겟커버드콜

그림 3-11 타겟커버드콜 상장 종목 (2025년 말 기준)

그래서 타겟 프리미엄 커버드콜 전략이 고안되었습니다. 기존의 고정된 비율대로 매도 비중을 관리하는 것이 아니라 일정 수준의 옵션프리미엄(매도 수량을 조정하여 수익을 조정합니다)을 목표로 정해서(타겟, 일반적으로 월 1.5~2%) 탄력적으로 옵션을 매도하는 비중을 조절하면서 목표를 달성합니다. 시장 변동성 수준에 따라 자동 조절하면서 시장 환경에 적극 대응합니다. 처음에 관련 상품들이 나왔을 때는 '15% 프리미엄'과 같은 목표 프리미엄 비율이 ETF 이름에 들어가 있었으나, 고객들에게 혼란을 줄 수 있다는 점 때문에 이름이 정정되었습니다.

타겟 커버드콜 상품은 그림 3-11처럼 미국 중심의 상품이 상장이 많이 되어 있습니다. 콜옵션 시장이 더 발달되어 있기 때문에 관련 상품 출시 비중이 높습니다.

5. 타겟 매도 비율 고정커버드콜 전략

타겟프리미엄 커버드콜 방식에서의 한계는 시장의 방향성이나 리스크 관리보다 프리미엄 확보에 과도하게 초점이 맞춰지면서 전체적인 포트폴리오 효율성이 떨어지는 문제점이 발생할 수 있습니다. 그래서 새롭게 나온 커버드콜은 일관되게 고정된 비율만큼만 옵션을 매도하는 전략을 활용합니다.

 ETF의 시대 ― 왜 아직도 종목 고민을 합니까

종목코드	종목명
0018C0	PLUS 고배당주위클리고정커버드콜
490590	RISE 미국AI밸류체인데일리고정커버드콜
0138T0	RISE 미국S&P500데일리고정커버드콜
490600	RISE 미국배당100데일리고정커버드콜
491620	RISE 미국테크100데일리고정커버드콜
0094M0	RISE 코리아밸류업위클리고정커버드콜

그림 3-12 고정커버드콜 상장 종목 (2025년 말 기준)

일정 비율만 콜옵션을 매도하고 나머지 부분은 기초자산의 등락을 따라가게 포트폴리오를 구성함으로써 시장이 상승세가 강해도 일정 수준의 수익률로 수익 참여가 가능하도록 되어 있습니다. 그림 3-12는 고정커버드콜 상장 리스트입니다.

커버드콜을 활용한 ETF는 기존 ETF보다 높은 분배율을 기록하고 있습니다. 그림 3-13은 연분배율이 높은 순위 TOP 10입니다. ETF Check 사이트에서 비교가 가능하며 상위 50개 종목까지 검색이 가능합니다. 커버드콜을 포함한 순위로, 커버드콜 상품들이 상위권에 전부 자리하고 있습니다. 고정커버드콜, 타겟커버드콜 상품들도 순위권에 들어와 있습니다. 연간 수익률을 계산할 때 중간에 발생한 배당금을 다시 해당 ETF에 재투자했다고 감안한 자료입니다(운용사에서는 이를 '수정기준가'라고 하며 매일 발표하고 있습니다).

그림 3-13 연분배율 순위
(출처 : ETF Check, 2026년 1월 23일 기준)

대체 자산의 인컴 : 연 6% 이상의 분배 수익률 추구

대체 자산은 전통적인 금융자산이라 불리는 주식/채권과는 다른 자산을 의미합니다. 부동산, 원자재, 인프라 등이 대체 자산의 대표적인 예입니다. ETF에서도 이러한 자산에 투자하는 상품이 있습니다. 먼저 이러한 대체 자산에 투자하는 상품에 대해서 알아보

ETF의 시대 ─ 왜 아직도 종목 고민을 합니까

겠습니다. 가장 많이 언급되는 자산은 리츠REITs입니다. 리츠는 펀드에서 부동산을 소유하고 그 부동산에서 발생하는 임대료의 수익을 기반으로 배당을 지급합니다. 또다른 대체 자산으로는 인프라 투자 펀드가 있습니다. 인프라 투자 펀드는 도로, 항만, 공항 등의 인프라 개발을 통해 지속적으로 발생하는 이용료에서 수익을 얻습니다.

리츠가 배당을 많이 하게 되는 이유는 법적인 구조의 영향도 있습니다. 대부분의 국가에서 리츠는 과세소득의 90% 이상을 배당하도록 되어 있으며, 이럴 경우 법인세 면제 또는 세율 인하 혜택을 받습니다. 그래서 일반적으로 리츠는 높은 배당성향을 유지합니다. 그림 3-14는 TIGER리츠부동산인프라의 연도별 분배율입니다. 최근 2~3년 동안에는 연 7% 이상의 안정적인 분배를 하고 있습니다.

연도	분배율
2025년	8.54%
2024년	8.31%
2023년	7.13%
2022년	6.47%
2021년	4.95%

그림 3-14 TIGER리츠부동산인프라(329200)
연도별 분배율 추이 (출처 : ETF Check)

개인들에게 가장 익숙한 인프라 투자 주식은 맥쿼리인프라(088980)입니다. 코스피 시장에 상장되어 있으며 인프라 투자를 통해 매년 꾸준히 배당을 이어왔습니다. 맥쿼리인프라는 인천공항고속도로, 인천대교, 동부간선도로 지하화 사업 등에 투자하였으며

종목코드	종목명	투자 비중
088980	맥쿼리인프라	16.2%
395400	SK리츠	13.5%
415640	KB발해인프라	9.7%
330590	롯데리츠	9.0%
365550	ESR켄달스퀘어리츠	8.3%
451800	한화리츠	5.9%
293940	신한알파리츠	5.3%
348950	제이알글로벌리츠	4.4%
094800	맵스리얼티	3.7%
357120	코람코라이프인프라리츠	3.4%
448730	삼성FN리츠	3.4%
417310	코람코더원리츠	2.8%
432320	KB스타리츠	2.6%
377190	디앤디플랫폼리츠	2.4%
088260	이리츠코크렙	2.3%
334890	이지스밸류플러스리츠	2.3%
404990	신한서부티엔디리츠	1.6%

그림 3-15 TIGER리츠부동산인프라(329200) 투자 구성 내역
(출처 : 미래에셋자산운용 홈페이지, 2025년 12월 30일 기준, 현금성자산 제외)

 ETF의 시대 — 왜 아직도 종목 고민을 합니까

이를 통해 수익을 얻고 투자자에게 배당을 합니다. ETF는 이러한 기업들에 분산 투자를 하는 상품입니다. 그림 3-15는 TIGER리츠부동산인프라 ETF에서 투자하고 있는 종목 및 투자 비중입니다. 상장 리츠/인프라 펀드들에 투자하여 분산 투자의 재분산이 이루어져 있는 상품입니다. 이렇게 분산이 되어 있는 경우에는 특정 지역이나, 특정 자산 관련 이슈로 인한 변동성이 일정 수준으로 제한된다는 장점이 있습니다.

리츠와 인프라는 보유 자산에 따라서 수익성이 크게 흔들릴 수 있습니다. 오피스, 리테일, 물류, 데이터센터 등의 보유자산에 따라서 수익성의 변동성이 클 수 있고, 가장 큰 위험은 공실로 인해 안정적인 현금흐름이 발생하지 않는 경우입니다. 하나의 리츠에 투자를 할 경우에는 이러한 위험도에 노출되겠지만, ETF를 통해서 분산 투자하는 것은 상대적으로 안정적 인컴 자산을 확보하는 좋은 전략입니다.

03

나만의
인컴 포트폴리오
(Income Portfolio) 만들기

인컴 포트폴리오(Income Portfolio)는 단순히 자산을 불리는 것을 넘어 예측 가능한 현금흐름을 창출할 수 있다는 점에서 좋습니다. 노동 수익이 없어도 자산에서 일정한 인컴이 발생하여 생활비를 충당할 수 있게 되면, 경제적 자유를 얻을 수 있게 될 것입니다.

ETF를 활용한 인컴 포트폴리오

포트폴리오란 여러 투자 상품을 통해서 분산 투자를 하는 것을 의미합니다. 이를 구성하는 목적은 제한된 위험(리스크, 변동성) 하에서 최대한의 수익률을 추구하기 위한 것입니다. 인컴 포트폴리오에서 인컴을 극대화하기 위해 가장 분배율이 높은 ETF만 투자하는 것이 아니라 꾸준하게 분배가 나오면서 총수익Total Return도 우상향하도록 만들어야 합니다. 또한 일반 주식계좌에서 배당이나 분배금이 많다면, 이는 종합소득과세 대상이 될 수도 있습니다. 따라서 목적에 맞춰 자산 가격의 상승과 현금흐름이 발생하는 포트폴리오를 적절하게 구성해야 합니다.

커버드콜을 활용한 ETF의 등장으로 연분배율이 획기적으로 높아졌습니다. 기존 ETF의 3~4%의 분배율을 10% 이상으로 높이는 효과가 있습니다. 하지만 분배가 높은 ETF는 콜옵션 매도로 인해 추종하는 기초지수의 상승률을 온전히 반영하지 못한다는 치명적인 단점이 있습니다. 2025년 4분기와 같이 주식이 지속적으로 상승하는 흐름에서는 코스피 200 지수에 투자하는 ETF보다는 전체 수익률 측면에서 낮게 됩니다. 콜옵션 매도 비율이 높을수록 자산 가격 상승률을 따라가는 것이 어렵습니다. 이는 커버드콜의 본질적인 포트폴리오인 콜옵션을 매도하는 구조에서 발생하게 되는 현상입니다.

하지만 그러한 단점에도 불구하고 안정적인 현금흐름을 원한다면 이 포트폴리오는 매우 매력적일 수 있습니다. 분배율이 안정적으로 나오는 것을 보기 위해서는 연간 분배율을 확인하는 것이 좋습니다. 연간 분배율 비교는 여러 사이트나 증권사 모바일 앱에서도 확인이 가능합니다. 연간 분배율을 가지고 가능한 포트폴리오 비율을 구축해봅시다.

2025년은 국내 주식 상승률이 높았으며 해외도 주식 상승률도 높았습니다. 채권은 금리가 하락하다가 상승하였고, 환율은 원화가 약세를 보이면서 환헤지를 안한 상품이 수익률이 좋았습니다.

이러한 금융시장 환경에서 연간 분배율이 높았던 상품을 그림 3-16에 정리해 두었습니다. 커버드콜 상품들이 대부분 상위권을 차지하고 있습니다. 미국 주식의 커버드콜이 17% 이상의 연간 분배율을 보였습니다. 다만, 여기에는 2025년도에 달러 강세로 인한 효과도 포함되어 있습니다. 달러가 약세가 되면 수익률은 낮아질 수 있습니다.

분배율은 미국 투자 상품보다 낮지만 2025년에는 국내 주식(3위, 6~8위, 앞에서 설명했던 것처럼 코스피에 투자하는 상품은 상품명에 코스피가 생략되어 있습니다. 그래서 3위, 6~8위 상품은 코스피 200 및 코스피에 투자하는 상품으로 보면 됩니다)이 상승세가 뚜렷해서 연간 수익률도 높습니다. 하지만 동기

순위	종목코드	종목명	연간 분배율	연간 수익률
1	491620	RISE 미국테크 100데일리고정커버드콜	19.5%	22.6%
2	494300	KODEX 미국나스닥 100데일리커버드콜OTM	18.8%	16.1%
3	489030	PLUS 고배당주위클리커버드콜	18.8%	10.5%
4	490590	RISE 미국AI밸류체인데일리고정커버드콜	18.6%	40.8%
5	490600	RISE 미국배당 100데일리고정커버드콜	17.4%	4.9%
6	475720	RISE 200위클리커버드콜	15.5%	49.6%
7	498400	KODEX 200타겟위클리커버드콜	15.0%	60.8%
8	472150	TIGER 배당커버드콜액티브	14.5%	57.5%
9	480030	ACE 미국 500데일리타겟커버드콜(합성)	14.4%	14.9%
10	486290	TIGER 미국나스닥 100타겟데일리커버드콜	14.0%	19.7%

그림 3-16 주식형 ETF 연간 분배수익률 순위 (출처 : ETF Check, 2025년 12월 19일 기준)
※ 연간 수익률은 분배재투자 가정 수익률

간에 코스피 200에 투자하는 ETF들의 연간 수익률이 약 75%를 보였기 때문에 50~60% 정도의 연간 수익률을 보인 위클리커버드콜의 상품은 상대적으로 낮은 수익률을 기록하였습니다. 콜옵션을 많이 매도할수록 분배율은 높아지지만 주식 상승분을 그만큼 따라가지 못하기 때문입니다. 그래서 타겟커버드콜, 고정배당 같은 상품들이 최근에 나왔습니다.

순위	종목코드	종목명	연간 분배율	연간 수익률
1	473330	SOL 미국30년국채커버드콜(합성)	14.2%	9.6%
2	481060	KODEX 미국30년국채타겟커버드콜(합성 H)	12.8%	0.4%
3	476550	TIGER 미국30년국채커버드콜액티브(H)	12.8%	0.8%
4	472830	RISE 미국30년국채커버드콜(합성)	12.1%	9.4%
5	455660	ACE 미국하이일드액티브(H)	6.6%	4.6%
6	468380	KODEX iShares미국하이일드액티브	6.2%	10.9%
7	438560	SOL 국고채3년	5.4%	1.5%
8	484790	KODEX 미국30년국채액티브(H)	5.1%	0.5%
9	114820	TIGER 국채3년	4.8%	1.3%
10	481340	RISE 미국30년국채액티브	4.6%	2.7%

그림 3-17 채권형 ETF 연간분배율 순위 (출처 : ETF Check, 2025년 12월 19일 기준)

※ 연간 수익률은 분배재투자 가정 수익률

그림 3-17은 채권형 ETF 중에서 분배율이 높은 ETF 순위입니다. 채권형 ETF에서 분배율이 높은 상품들의 공통점은 다음 두 가지입니다.

첫째, 미국 장기 채권에 투자합니다.
둘째, 옵션을 매도하는 커버드콜 전략을 씁니다.

이 두 가지 전략을 쓰는 ETF는 기존의 채권형 ETF보다 분배율이 2배 가까이 높습니다. 그 이유는 우선 미국의 장기 채권 금리가

　　　　　　　　　　　ETF의 시대 — 왜 아직도 종목 고민을 합니까

우리나라 채권 금리보다 높아 채권 자체에서 발생하는 분배를 위한 수익이 상대적으로 높기 때문입니다(2025년 연말 기준). 두 번째 이유는 미국채 옵션시장이 우리나라에 비해서 매우 발달되어 있기 때문입니다. 그래서 미국 채권을 매수하고 옵션을 매도하는 커버드콜 전략을 활용하여 분배금의 재원을 마련합니다.

그림 3-18은 리츠/부동산/인프라 관련된 종목들의 분배율 순위입니다. 해당 관련 옵션 상품이 없기 때문에 전통적인 분배율 수준을 나타내고 있습니다. 또한 우리나라의 경우 2025년 기준금리 인하가 2차례 있으면서 리츠의 수익률도 높아졌습니다. 안정적으로 수익이 나온다는 관점에서 일정 부분 포트폴리오 편입이 필요합니다.

순위	종목코드	종목명	연간 분배율	연간 수익률
1	476800	KODEX 한국부동산리츠인프라	8.8%	15.8%
2	329200	TIGER 리츠부동산인프라	8.1%	19.5%
3	429740	PLUS K리츠	7.1%	18.5%
4	480460	WON 한국부동산TOP3플러스	6.0%	14.5%
5	352540	KODEX 일본부동산리츠(H)	5.9%	31.5%
6	316300	ACE 싱가포르리츠	4.7%	25.2%
7	475380	RISE 글로벌리얼티인컴	4.0%	5.7%
8	352560	KODEX 미국부동산리츠(H)	4.0%	1.5%
9	181480	ACE 미국부동산리츠(합성 H)	3.8%	0.9%
10	182480	TIGER 미국MSCI리츠(합성 H)	3.5%	0.7%

그림 3-18 리츠인프라형 ETF 연간분배율 순위 (출처 : ETF Check, 2025년 12월 19일 기준)

※ 연간 수익률은 분배재투자 가정 수익률

순위	종목코드	종목명	연간 분배율	연간 수익률
1	0040Y0	SOL 팔란티어커버드콜OTM채권혼합	15.1%	18.3%
2	475080	KODEX 테슬라커버드콜채권혼합액티브	14.5%	8.6%
3	0000D0	TIGER 엔비디아미국채커버드콜밸런스(합성)	11.1%	13.5%
4	0013R0	RISE 테슬라미국채타겟커버드콜혼합(합성)	10.9%	16.5%
5	0040X0	SOL 팔란티어미국채커버드콜혼합	10.5%	35.6%
6	460960	ACE 글로벌인컴TOP10	6.4%	11.7%
7	341850	TIGER 리츠부동산인프라채권	5.4%	13.1%
8	0073X0	FOCUS 알리바바미국채커버드콜혼합	4.9%	18.1%
9	251600	PLUS 고배당주채권혼합	3.7%	20.1%
10	440340	TIGER 글로벌멀티에셋TIF액티브	3.5%	9.2%

그림 3-19 멀티에셋형 ETF 연간 분배수익률 순위

그림 3-19의 멀티에셋형으로 분류된 ETF는 개별 주식 또는 혼합형에서 커버드콜을 통해 분배율을 높이는 전략을 활용하고 있습니다. 국내에서 개인이 가장 많이 보유하고 있는 해외 주식은(2025년 말 기준) 테슬라입니다. 이외에도 엔비디아, 팔란티어와 같은 주식도 국내 투자자들의 관심을 받고 있습니다. 이러한 주식은 개별종목 옵션이 있기 때문에 커버드콜 전략이 가능하고, 한 종목에만 집중해서 투자할 수 없는 국내 ETF 규정상 채권혼합형 펀드로 운용되고 있습니다.

  ETF의 시대 — 왜 아직도 종목 고민을 합니까

지금까지 ETF의 분류에 따른 분배율 순위를 알아봤습니다. 또한 어떠한 자산에서 어느 정도의 분배율이 나오는지도 알았습니다. 이제는 이러한 자산을 활용하여 포트폴리오를 구성해보고자 합니다. 멀티에셋은 포트폴리오 구성 시 개별 종목 투자 비중이 높아져 효율적인 자산배분와는 거리가 있습니다. 그래서 주식, 채권, 리츠로 구성해서 포트폴리오를 만들어 보겠습니다. 우선 최근 연배당률을 기준으로 해서 분배율이 5위 정도의 ETF를 기준으로 하여 연분배율로 감안해서 포트폴리오를 구성하겠습니다.

주식형은 15%, 채권형은 12%, 리츠형은 5%를 연분배율로 가정합시다. ETF 종목에 따른 전체 수익률이 변동성이 있고, 분배율은 매년 바뀔 수 있기 때문에 일정 수준 변동성을 감안하여 포트폴리오를 구성해 보겠습니다.

1. 6% 분배금 포트폴리오

주식 10% + 채권 50% + 리츠 40%

커버드콜 상품은 해당 자산 가격의 변동성이 큰 점을 활용해서 운용됩니다. 채권형에서도 최근에 분배율이 높은 상품들은 미국채 30년을 기초자산으로 하여 운용합니다. 다만 안정적인 인컴을 바

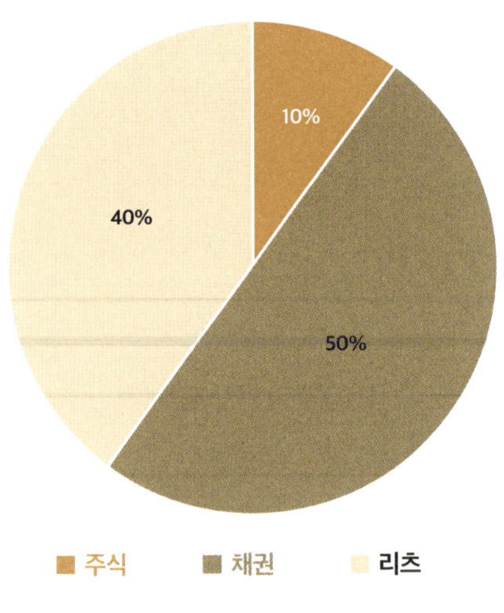

그림 3-20 6% 분배금 포트폴리오

라는 투자자라면 기초자산 가격의 변동성이 크지 않은 것이 좋습니
다. 인컴이 10%로 꾸준히 나오는데 기초자산 가격 변동으로 인해
ETF의 가격이 -30%씩 변동성이 생긴다면 안정적인 인컴 포트폴리
오라고 보기는 어려울 것입니다. 안정적 투자자를 위해 기초자산
가격 변동성이 낮은 채권의 투자 비중을 가장 높이고, 주식은 최소
화한 포트폴리오입니다.

  ETF의 시대 — 왜 아직도 종목 고민을 합니까

2. 10% 분배금 포트폴리오

　　2025년은 국내 주식 투자 성과가 좋았던 한해였습니다. 2026년에도 주식에 대한 기대감이 높은 시기입니다. 하지만 워낙 2025년에 국내/해외 주식상승률이 높았기 때문에 2025년과 같은 수익률(코스피 기준 약 75.6%)을 기대하기는 힘들다고 판단하고 상승여력이 제한된 상황에서는 상대적으로 채권, 리츠의 구성 비중을 확대하는 전략입니다.

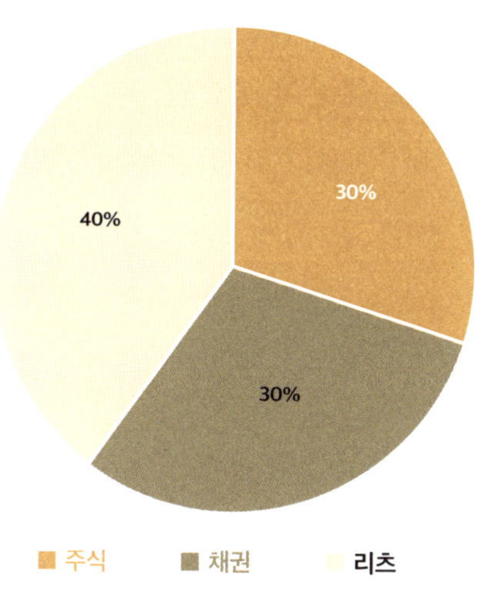

그림 3-21 10% 분배금 포트폴리오

10%의 안정적 분배금을 목표로 하면서 전반적으로 방어적 포트폴리오를 구축하는 것입니다. 국내는 기준금리 동결 혹은 인상 가능성이 있고, 미국도 1회 인하 혹은 동결로 예상됩니다. 채권에서도 자본 수익은 제한적일 것으로 예상됩니다. 리츠는 자산에 대한 계약으로 인해 안정적으로 수익이 나올 수 있을 것입니다.

3. 12% 분배금 포트폴리오

주식 50% + 채권 30% + 리츠 20%

향후에 지속적으로 주식이 상승할 것이라고 기대된다면 주식 비중을 확대하는 것이 기본 전략입니다. 다만 인컴 수익률을 높이기 위한다면 타겟커버드콜, 고정커버드콜과 같이 주식 상승 여력에 참여할 수 있는 포트폴리오를 추천합니다.

전통적인 채권/리츠에 적절하게 분산하는 안정적인 포트폴리오입니다. 그러나 분배율이 높은 주식형 ETF를 50% 투자하면서 주식이 하락하는 장에서는 주식의 하락분을 그대로 반영하게 되는 단점이 있습니다. 중장기적으로 구축해 놓기 좋은 포트폴리오로 증시 변동성에 따라 성과가 나올 수 있습니다.

ETF의 시대 — 왜 아직도 종목 고민을 합니까

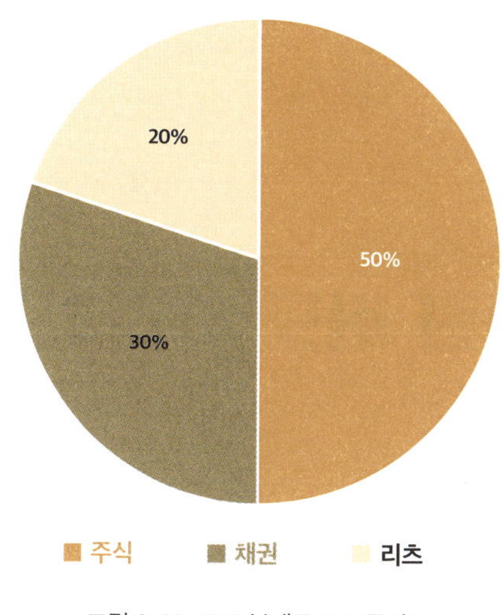

그림 3-22 12% 분배금 포트폴리오

국내 투자 비중을 확대하고 싶으면 국내 주식 커버드콜, 미국이 좀 더 좋을 것 같으면 미국 투자 상품에 따라 주식 비중을 세분화하여 조절하면 됩니다. 또한 장기 투자를 위해서 분배율 이력을 보면서 예상 수준으로 분배가 이루어지는지, 총 보수/비용이 낮은 상품인지에 대한 확인도 필수적입니다.

지금까지 소개한 나만의 포트폴리오 구성 방법을 참고하면서 어떤 ETF들이 분배가 안정적으로 잘 나오는지를 판단하여 전체적인 자산 투자 비중을 유지하면서 주기적으로 구성종목을 교체한다면 안정적인 분배율을 유지할 수 있습니다.

04

워런 버핏 따라하기

투자는 혼자 하기가 어렵습니다. 그렇기 때문에 우리는 많은 대가들의 성공한 사례를 참고하고, 그들의 투자철학, 투자 전략 등을 따라하고자 합니다. 워런 버핏은 장기적으로 지수를 꾸준히 이긴 뛰어난 투자자입니다. 우리가 워런 버핏과 똑같이 투자할 수는 없고, 시대의 흐름이 많이 바뀌긴 했지만 투자철학은 지금도 배울 점이 많습니다.

인덱스 펀드에 투자를 해라

2013년 워런 버핏이 주주들에게 보낸 서한은 인덱스 펀드에 대해서 중요한 시사점을 알려주는 계기가 되었습니다. 굉장히 쉬우면서도 직관적이고 장기 투자자라면 꼭 생각해야 할 요소들이 들어가 있습니다. 이제는 투자도 쉬워졌습니다. 손가락만 움직여도 워런 버핏이 추천한 인덱스 펀드에 투자가 언제든지 가능합니다. 다음은 워런 버핏의 2013년 주주서한의 일부입니다.

"10%의 현금을 단기 국채에 투자하고 90%를 비용이 매우 낮은 S&P 500 인덱스펀드에 투자를 해라(뱅가드 추천). 나는 장기적 결과로서 이러한 정책은 대부분의 높은 연봉을 받는 매니저를 고용하는 연금투자자, 기관 투자자, 개인 투자자들의 성과보다 월등할 것으로 믿는다."

"비전문가의 목표는 승자 또는 그것을 할 수 있는 조력자를 고르는 것이 아니라, 전체적으로 잘 될 수 밖에 없는 시장 전체를 아우르는 비즈니스를 소유하는 것이어야 한다. 저비용 인덱스 펀드가 이를 가능하게 한다."

어려운 개별 주식 투자를 위해 공부를 하고, 이해를 하고 리밸런싱을 하고, 교체매매를 하는 것은 많은 시간과 노력이 들어갑니다. 그래서 일반 투자자는 대표지수 상품에 투자하는 게 좋습니다. 국내 대표지수 투자 상품들의 보수는 현재 매우 낮은 수준입니다. 코스피 200에 투자하는 패시브 펀드 중 현재 상장된 펀드들의 보수는 그림 3-23과 같습니다.

종목코드	종목명	총보수	TER	실부담비용
105190	ACE 200	0.017%	0.040%	0.060%
0098Z0	FOCUS 200	0.050%	0.070%	0.071%
293180	HANARO 200	0.036%	0.060%	0.071%
491700	HK200	0.050%	0.090%	0.098%
472840	ITF200	0.080%	0.110%	0.113%
069660	KIWOOM 200	0.050%	0.070%	0.095%
069500	KODEX 200	0.150%	0.160%	0.185%
152100	PLUS 200	0.017%	0.040%	0.053%
148020	RISE 200	0.017%	0.040%	0.054%
102110	TIGER 200	0.050%	0.070%	0.084%
108590	TREX 200	0.325%	0.370%	0.385%
448100	WON 200	0.050%	0.060%	0.084%
0007N0	아이엠에셋 200	0.050%	0.080%	0.087%
152870	파워 200	0.145%	0.170%	0.179%

그림 3-23 코스피 200 투자 상품 비용
(출처 : ETF Check 2025년 11월 기준, TER과 실부담비용은 월별자료)

 ETF의 시대 ─ 왜 아직도 종목 고민을 합니까

한때는 운용사 기준에서 받는 총보수가 낮은 상품을 경쟁적으로 이야기하였으나 투자자가 실제로 부담하는 비용을 감안해서 내는 비용은 ETF Check를 활용하면 쉽게 확인할 수 있습니다. 워런 버핏도 저보수 상품에 투자를 하라고 말한 만큼 동일한 투자대상을 하는 상품에 장기 투자할 때는 실부담비용이 낮은 상품에 투자하는 것이 유리합니다.

왜 워런 버핏은 뱅가드를 추천했을까?

NOTE

뱅가드 S&P 인덱스 ETF(VOO, Vanguard S&P 500 ETF)는 2010년 9월에 출시되었으며 현재 8,600억 USD 수준으로 세계에서 가장 규모가 큰 ETF입니다.

반면 S&P 500 ETF의 원조는 스테이트 스트리트였습니다(SPY, SPDR S&P 500 ETF). 1993년도에 출시되어 가장 오래된 ETF이나, 현재는 약 7,000억 USD 규모입니다. 후발 주자가 기존의 상품의 규모를 앞서는 것은 쉽지 않은 일입니다. 두 ETF는 패시브 형태로 운용 방식도 동일한 인덱스 펀드입니다. 한 가지 차이점이 있는데 총 비용이 VOO는 0.03%, SPY는 0.0945%입니다. 3배 이상 차이가 납니다.

장기적으로 투자하는 관점에서는 이 비용이 작지 않습니다. 워런 버핏도 이 부분에 주목하였습니다.

- **총보수** : 운용보수 + 신탁보수 + 사무관리보수 + 지정참가회사보수

- **TER** Total Expense Ratio : 총보수 + 기타비용(지수사용료, 회계감사비, 해외보관비 등)

- **실부담비용** : TER + 매매/중개수수료(자산매매시 발생하는 증권거래 비용)

05

전문투자자 따라하기

큰 규모의 자산을 운용하는 곳들은 어떻게 자산을 배분하고 운용을 할까요? 우리나라의 국민연금, 일본공적연금, 노르웨이 정부연기금 등과 같은 기금들은 정기적으로 포트폴리오 및 수익률을 공개하고 있습니다. 다. 이는 개인 투자자에게 많은 인사이트(insight)를 줄 수 있습니다.

국민연금 (NPS)

우리나라에서 가장 큰 규모의 금융자산을 운용하는 국가 기관은 국민연금입니다. 국민들의 노후를 책임지고 있는 만큼 위험 관리 하에서 높은 수익률을 올리기 위해서 노력하고 있습니다. 현재는 주식 비중을 점차 늘리고, 해외 투자 비중을 늘려가면서 수익률도 높아지고 있습니다. 개인 투자자의 투자 포트폴리오도 ETF를 활용한다면 국민연금과 비슷하게 구성할 수 있습니다.

국민연금의 운용 포트폴리오는 홈페이지(fund.nps.or.kr)에 자세히 나와있습니다. 매분기 말 기준으로 그림 3-24와 같이 운용 수익률을 공시하고 있습니다. 최근 3년 동안 10% 이상의 수익률을 기록하고 있습니다. 또한 그림 3-25와 같이 현재의 투자 비중도 공시하

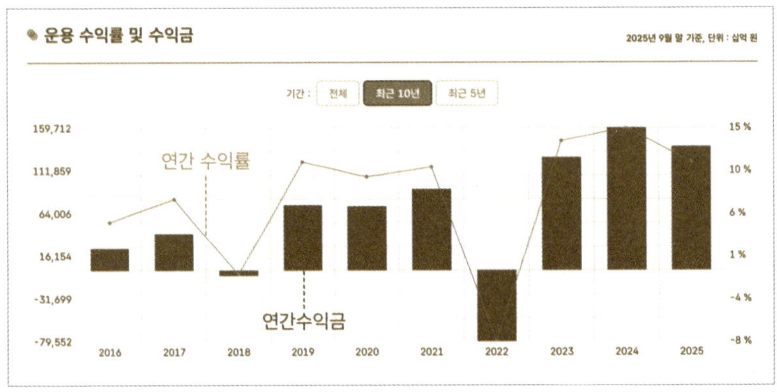

그림 3-24 국민연금 운용수익률 및 수익금 최근 10년 현황 (출처 : 국민연금공단)

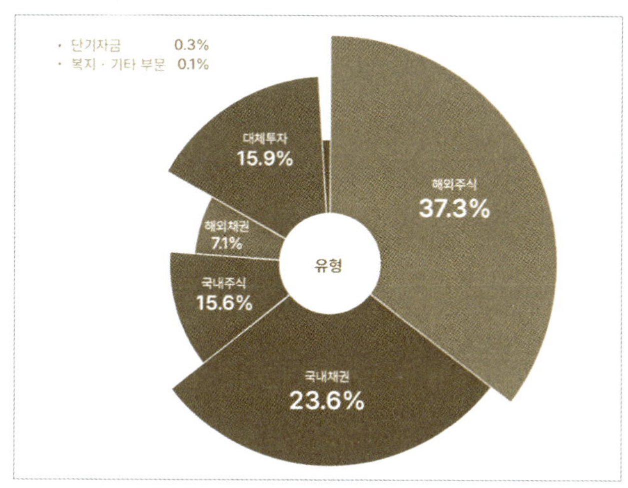

그림 3-25 국민연금 투자 포트폴리오 현황 (2025년 9월 말 기준)
(출처 : 국민연금공단)

고 있습니다. 해외 주식 비중을 높게 가져가고 있으며 원화채권에도 투자 비중이 비교적 높습니다. 현재 국민연금은 환헤지를 일부만 하고 있어 원화가 약할 때는 성과가 더 높게 나타나며 원화가 강할 때는 상대적으로 수익률이 낮아집니다.

국민연금의 세세한 종목까지 동일하게 투자할 수는 없지만 투자 시 참고하는 지수가 주로 시장 대표지수임을 감안한다면 다음과 같이 포트폴리오 구성이 가능합니다.

미국 주식 40% + 한국 주식 15% + 미국 채권 7% + 한국 채권 23%+ 리츠15%

미국과 한국으로 구성종목을 갖추어 운용을 하기 때문에 글로벌 자산배분을 한다면 국민연금과 같은 수익률은 아니더라도 유사한 흐름의 수익률 확보가 가능합니다. 또한 해당 자산군에는 다양한 ETF들이 상장되어 있어 선택의 폭도 비교적 넓습니다.

일본공적연금 (GPIF)

주식 50%(자국 25% + 해외 25%) + 채권 50%(자국 25% + 해외 25%)

아시아 최대 연기금은 일본공적연금 GPIFGovernment Pension Investment Fund입니다. 투자 자산이 282.5조 엔으로 우리나라 국민연금의 2배 수준입니다. 일본은 자체 금융시장이 크게 발달되어 있어서 일본 자국 투자 비중이 50%를 차지합니다. 그리고 나머지 50%를 해외에 투자하고 있으며 각각의 비중 안에서 절반은 주식, 절반은 채권을 투자하는 단순한 방식을 취하고 있습니다. 가장 전

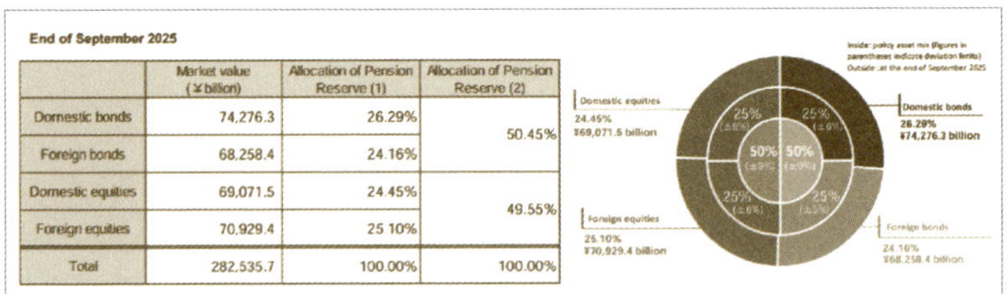

그림 3-26 일본공적기금 투자현황 (출처 : 일본공적기금, 2025년 9월 말 기준)

　　　　　　　　　　　　ETF의 시대 ― 왜 아직도 종목 고민을 합니까

통적인 투자 방식으로 보면 됩니다. ETF를 활용한다면 해외 주식은 미국 주식 ETF에 투자하고, 글로벌 채권은 미국 채권에 투자하면 됩니다. 국내 주식/채권의 투자 비중은 각각 코스피 및 한국종합채권에 투자하는 포트폴리오가 국내 투자자에게는 적합합니다.

일본 금융시장을 우리나라에서 투자하기에는 상품이 다양하지 않고, 상대적으로 환율 변동성도 크기 때문에 따라하기보다는 국내/해외에 절반씩 투자하는 아이디어를 얻어서 비슷하게 해보는 방법을 고려하면 됩니다. 일본공적기금의 포트폴리오를 국내 투자자 기준에서 투자를 한다면 다음과 같이 투자를 하면 됩니다.

> 미국 주식 25% + 한국 주식 25% + 미국 채권 25% + 한국 채권 25%

노르웨이 정부연기금 (NBIM)

주식 70%(자국 + 해외) + 채권 30%(자국 + 해외)

세계 최대 연기금은 노르웨이에서 운용하는 정부 연기금입니다. 정확히는 노르웨이가 북해 원유 등으로 벌어들인 돈을 국부 펀드로 조성하여 산하의 투자은행을 통해 자산운용을 하며

NBIM Norges Bank Investment Management 이라고 불립니다. 우리나라
에서는 편의상 노르웨이 정부연기금, 국부펀드 등으로 불립니다.
2025년 9월 기준 전체 자산이 약 21.2조 노르웨이 크로네이며 원화
로는 3,000조 원이 넘습니다. 전체 투자 자산은 2025년 6월 말 기
준으로 주식 비중이 월등히 높습니다. 주식 비중이 높은 것은 예상
수익률도 높아지지만 반대로 주식 조정이 올 때는 -10% 이상의 손
실도 발생한 적이 있습니다.

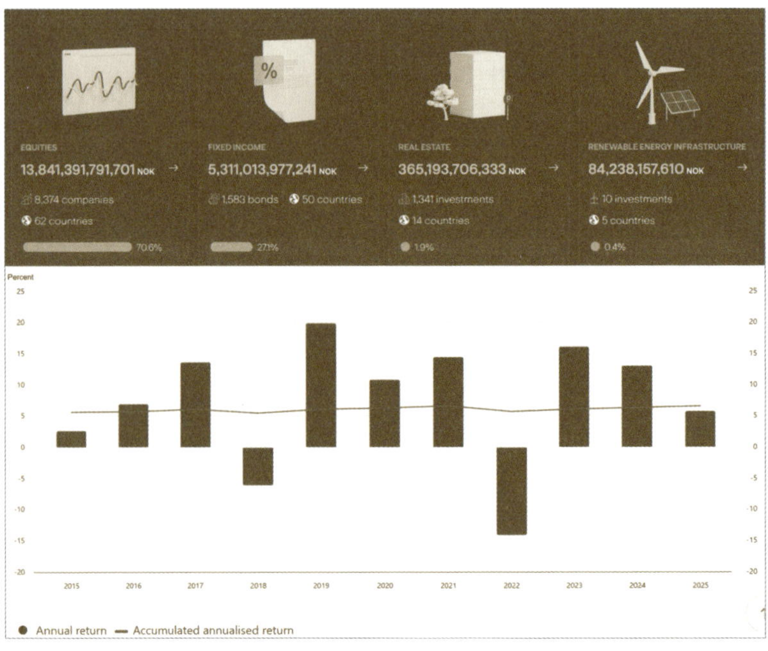

그림 3-27 노르웨이 정부 연기금 투자현황 및 수익률 현황
(출처 : 노르웨이 정부 연기금 홈페이지)

    ETF의 시대 ─ 왜 아직도 종목 고민을 합니까

노르웨이 주식시장은 작기 때문에 해외 주식 투자 비중이 높으며 제일 많이 투자하고 있는 국가는 미국이며 개별 회사로는 엔비디아에 가장 많이 투자하고 있습니다. 설립 이후 장기 누적 수익률은 6.6% 수준을 보이고 있으며 다양한 국면 속에서 안정적으로 수익이 발생함을 알 수 있습니다.

노르웨이는 해외 투자가 많은 점을 감안하면 환율 변동성에 따라서 움직임이 좀 발생할 수 있습니다. 그런 점이 고민된다면 헤지형 상품을 투자하는 것이 좋습니다. 해외 주식은 미국 S&P 500 추종 ETF로 포트폴리오를 구성하고, 국내 주식으로 각각 35% 동일 비중을 구성하여 주식 70%의 포트폴리오를 만듭니다. 그리고 국내/해외 채권은 각각 15%씩 ETF를 편입합니다. 다른 연기금 대비 주식 투자 비중이 높아 기대수익률도 높지만 그만큼 가격 변동성도 높은 포트폴리오입니다.

NBIM은 주식 투자 비중이 높습니다. 그러한 포트폴리오를 국내 투자자에게 적용하면 다음과 같은 포트폴리오 투자가 가능합니다.

미국 주식 35% + 한국 주식 35% + 미국 채권 15% + 한국 채권 15%

운용사에 맡기기

ETF는 운용사에서 운용해주는 상품이지만 자산배분이나 투자 비중에 대해서는 알려 주지 않습니다. 하지만 과거 통계 및 일반적인 투자자들의 성향을 고려하여 운용사에서 자산배분 펀드를 운용하고 있습니다. TDF는 자산배분 펀드의 대표적인 예입니다. 현재는 ETF로도 운용을 하고 있습니다.

TDF^{Target date Fund}는 투자자의 은퇴 예상 시점에 맞춰 자산운용사가 위험자산과 안전자산의 투자 비중을 알아서 조정해주는 생애주기별 맞춤형 펀드입니다. 은퇴시점이 많이 남은 투자자일수록 주식 투자 비중을 높이고, 은퇴가 가까운 투자자는 안전자산에 투자 비중을 높이게 하는 펀드입니다. TDF는 자동 리밸런싱이 되며 글로벌 분산 투자가 이루어져 리스크 관리에 유리합니다.

개인들의 은퇴 시점에 맞춰서 퇴직연금을 운용해주는 TDF ETF들이 상장되어 있습니다. 그림 3-28은 현재 상장된 TDF ETF 리스트입니다. 2030은 2030년에 은퇴가 예상되는 사람들을 위한 투자 포트폴리오입니다. 채권과 같은 안전자산 비중이 높고 주식과 같은 위험자산 비중은 상대적으로 낮습니다. TDF는 글로벌 자산배분을 하기 때문에 환율의 영향도 받습니다. TDF는 펀드로 가입하면 보

종목코드	종목명
0021D0	ACE TDF2030액티브
0021E0	ACE TDF2050액티브
435530	KIWOOM TDF2030액티브
435540	KIWOOM TDF2040액티브
435550	KIWOOM TDF2050액티브
433970	KODEX TDF2030액티브
433980	KODEX TDF2040액티브
434060	KODEX TDF2050액티브
0082V0	KODEX TDF2060액티브
433880	PLUS TDF2060액티브
442550	RISE TDF2030액티브
442560	RISE TDF2040액티브
442570	RISE TDF2050액티브
0025N0	TIGER TDF2045

그림 3-28 TDF ETF 리스트

수가 높은데 ETF는 상대적으로 낮은 보수로 2영업일만에 현금화시킬 수도 있는 장점이 있어 자산 분배 포트폴리오로 활용하기 좋습니다. 글로벌 자산배분이 된다는 점에서 세계 증시 움직임을 잘 따라갈 수 있다는 장점도 있습니다.

ETF 고르기

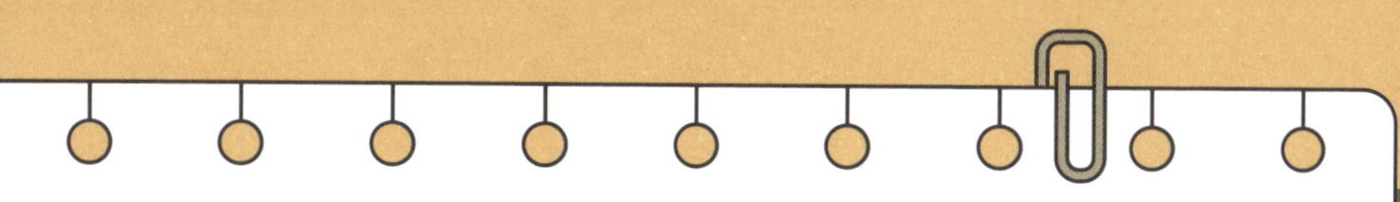

01

수익률 높은 ETF 고르기

좋은 ETF란 무엇일까요? 일단 같은 지수를 추종하는 상품이라면 수익률이 높은 상품이 좋지 않을까요? 수익률이 높다면 어떤 것들을 또 봐야 할까요? 수익률은 어느 구간에서 어느 정도 기간을 보고 좋은지를 판단해야 할까요?

장기 투자 수익률이 좋은 ETF

　지금까지 큰 틀에서 자산군별 투자 비중을 정한 포트폴리오를 구축하고 투자를 하기로 했다면 이제는 각 자산군에 어떤 ETF를 담을지, 같은 종목 중에서 어떤 게 더 좋을지 고민해봐야 합니다.

　장기 투자의 근본이 되는 포트폴리오를 구성하는 대표지수 ETF의 경우에는 여러 운용사에서 상장하고 있습니다. 미국 S&P 500지수에 투자하는 패시브 ETF는 2025년 현재 10개 운용사에서 운용하고 있습니다. 그림 4-1은 최근 1개월 수익률을 나타낸 것입니다.

종목코드	종목명	수익률_1M
444490	WON 미국S&P500	2.40%
429760	PLUS 미국S&P500	2.46%
360750	TIGER 미국S&P500	2.38%
360200	ACE 미국S&P500	2.36%
0026S0	1Q 미국S&P500	2.22%
379780	RISE 미국S&P500	2.40%
432840	HANARO 미국S&P500	2.47%
433330	SOL 미국S&P500	2.19%
379800	KODEX 미국S&P500	2.27%
449770	KIWOOM 미국S&P500	2.36%

그림 4-1 미국 S&P 500 투자 ETF 상장 현황 및 최근 1개월 수익률
(2025년 12월 24일 기준)

같은 지수(S&P 500)에 투자하는 지수추종형(패시브) ETF지만 한 달간
의 수익률도 차이가 나는 것을 알 수 있습니다. 장기간으로 갈수록
수익률 차이는 더 발생할 수 있습니다. 대표지수 상품에 투자를 한
다면 단기간만 투자하는 것이 아니라 장기간 수익률도 봐야합니다.
그래서 좀 더 다양한 지표를 보는 게 좋습니다.

그림 4-2는 기간별 수익률을 나타낸 것입니다. 수익률은 ETF
Check나 거래소 사이트에서 한 번에 비교가 가능합니다. 같은
ETF를 대상으로 6개월로 수익률을 순서대로 나열했을 때 순위입
니다. 1개월과는 비교적 많은 변동이 있고, 그 폭도 좀 더 차이가 있

종목코드	종목명	수익률_1M	수익률_3M	수익률_6M	수익률_1Y
444490	WON 미국S&P500	2.40%	7.44%	21.43%	15.98%
429760	PLUS 미국S&P500	2.46%	7.46%	21.09%	15.00%
360750	TIGER 미국S&P500	2.38%	7.53%	21.02%	14.95%
360200	ACE 미국S&P500	2.36%	7.54%	20.99%	14.93%
0026S0	1Q 미국S&P500	2.22%	7.72%	20.96%	-
379780	RISE 미국S&P500	2.40%	7.56%	20.88%	14.88%
432840	HANARO 미국S&P500	2.47%	7.44%	20.73%	15.15%
433330	SOL 미국S&P500	2.19%	7.41%	20.73%	14.98%
379800	KODEX 미국S&P500	2.27%	7.19%	20.29%	14.75%
449770	KIWOOM 미국S&P500	2.36%	7.48%	20.28%	14.46%

그림 4-2 미국 S&P 500 투자 ETF 수익률 기간별 추이 (2025년 12월 24일 기준)

     ETF의 시대 — 왜 아직도 종목 고민을 합니까

습니다. ETF 특성상 종가에 일부 괴리율이 발생할 수 있고, 가격의 변동성이 클 수 있기 때문에 한 시점만 보지 말고 다양한 시점의 수익률을 비교하는 게 중요합니다. 항상 수익률이 낮거나, 기간별로 수익률 변동성이 큰 것도 피하는 것이 좋습니다.

수익률이 높은 ETF를 본다는 것은 보수 등도 참고하는 것이 좋습니다. 1년 이상 장기 투자 시 총보수의 차이는 그만큼 성과의 차이가 발생하는 근본적인 원인이 되기 때문입니다. 0.01% 수준의 보수 차이는 크게 영향을 주지 않습니다. 다만 0.10% 이상의 차이는 장기 투자 시 성과차이가 날 수 있는 이유가 됩니다. 개인 투자 시 총보수를 감안하면서 종목을 선정해야 합니다.

02

순자산총액, 거래량?

순자산총액 규모나 거래량은 실제로 투자자가 ETF를 거래할 때 중요한 요소입니다. 규모가 크고 거래가 많을수록 많은 투자자의 관심을 받는 상품입니다. 거래량도 일정 수준 이상 되어야 안정적으로 포트폴리오 교체가 가능합니다.

기준을 마련해서 투자하기

현재 상장되어 있는 ETF는 순자산총액이 12조 원이 넘는 ETF부터 50억 원 수준의 ETF까지 매우 다양하게 있습니다. 순자산총액이 크다는 것은 많은 투자자로부터 선택을 받은 상품이기 때문에 운용이 안정적으로 잘되며 거래량도 높은 경우가 일반적입니다. 그래서 처음 시작할 때는 순자산총액 순위를 찾아보는 것이 좋습니다. 다만 특정 섹터나 신규상장 ETF와 같은 경우에는 규모가 작지만 투자자 입장에서는 비용 및 장기 수익률이 괜찮다면 선택할 수 있습니다.

일반적으로 순자산총액이 클수록 매도/매수 호가가 촘촘하게 붙어 있어 거래하기에 편합니다. 미국 S&P 500 투자 ETF의 순자산총액 순위를 나타내면 그림 4-3과 같습니다. 대표지수형 ETF 투자를 고려할 때는 다양한 기간의 수익률이 안정적으로 나와야 하며, 어느 정도 순자산총액이 일정 수준 이상의 ETF를 투자하는 게 좋습니다.

가장 좋은 방법은 기준선을 정하고 투자를 하는 것입니다. 예를 들면, 대형 인덱스는 5천억 원 또는 1조 원 이상의 상품에 투자한다는 등의 기준을 정해놓고 하면 좋습니다. 다만 여러 테마형 상품 및

종목코드	종목명	순자산총액(원)
360750	TIGER 미국S&P500	12,617,586,525,294
379800	KODEX 미국S&P500	7,147,994,135,471
360200	ACE 미국S&P500	3,030,870,974,861
379780	RISE 미국S&P500	1,337,622,650,254
433330	SOL 미국S&P500	193,391,959,871
0026S0	1Q 미국S&P500	185,032,345,573
449770	KIWOOM 미국S&P500	77,956,967,190
444490	WON 미국S&P500	55,002,999,019
429760	PLUS 미국S&P500	27,775,013,429
432840	HANARO 미국S&P500	14,953,403,830

그림 4-3 미국 S&P 500 투자 ETF 순자산총액 순위 (2025년 12월 24일 기준)

신규 투자 전략의 상품은 처음 출시될 때 순자산총액이 적을 수 있습니다. 이런 상품에 대해서는 좀 더 열린 마음을 가지고 투자할 필요가 있습니다. 그래야 좋은 기회를 가질 수 있습니다.

거래량은 종목별로 차이가 큽니다. 일일 6억 주 이상 거래되는 (KODEX 200선물인버스2X → 코스피200 인버스 2배 수익률 추종, 흔히 곱버스라고 부릅니다. 1주 가격이 2025년 12월 24일 기준 600원대 입니다) 종목이 있는가 하면 하루에 거래가 1주도 없는 종목도 있습니다. 거래량이 많다는 것은 일반적으로 다음을 의미합니다.

ETF의 시대 — 왜 아직도 종목 고민을 합니까

● 괴리율이 낮다

많은 참여자가 거래를 하기 때문에 일반적으로 NAV와 시장 거래 가격의 차이가 낮게 거래가 됩니다. 그러나 갑자기 많은 투자자가 한 방향으로 몰리게 되면 시장가격의 왜곡이 일시적으로 심해질 수도 있습니다.

● 주문량이 많이 쌓여 있다

내가 원하는 가격에 사고 팔기 쉽다는 의미입니다. 호가가 촘촘하게 많이 있기 때문에 팔고 싶을 때 팔 수 있고, 살 수 있을 때 살 수 있습니다.

● 인기가 높다

많은 투자자들의 관심을 받고 있는 상품입니다. 최근 트렌드에 맞거나 많은 투자자들이 관심을 가짐으로 인해 인기가 있는 상품으로 생각하면 됩니다.

ETF는 유동성 공급자LP들이 있기 때문에 호가가 NAV 근처에서 형성되어 있습니다. 그러나 일부 유형의 경우에는 LP호가만 있고 거래가 거의 되지 않는 종목들이 있습니다. 거래량이 낮은 대표적인 섹터가 채권형 ETF입니다.

그림 4-4는 코스피와 같이 우리나라 채권 대표지수인 종합채권 지수를 추종하는 ETF의 순자산총액과 일평균 거래량을 나타낸 것입니다. 순자산이 1조 원이 넘는 대형 ETF도 거래량이 주식형에 비해서 적은 것을 알 수 있습니다. 평균 1만 주 이상 거래되는 종목은 2종목밖에 없을 정도입니다. ETF의 경우 장내에서 거래되는 방식 외에도 기관 투자자들은 설정/환매 청구 방식으로 해당 ETF를 투자할 수 있는 방법이 있습니다. 설정/환매 청구 방식의 경우 거래량에 포함되지 않습니다. 그래서 개인투자자들의 관심도가 높지 않은 채권형의 경우 장내 거래량이 매우 낮은 수준입니다.

종목코드	종목명	순자산총액 (백만 원)	평균거래량 _1Y
273130	KODEX 종합채권(AA-이상)액티브	3,528,701	55,145
385540	RISE 종합채권(A-이상)액티브	1,617,188	6,410
451540	TIGER 종합채권(AA-이상)액티브	1,042,639	15,843
436140	SOL 종합채권(AA-이상)액티브	1,022,105	3,708
356540	ACE 종합채권(AA-이상)액티브	810,771	5,098
451000	PLUS 종합채권(AA-이상)액티브	504,997	1,629
454780	KIWOOM 종합채권(AA-이상)액티브	475,123	2,596
472920	HK 종합채권(AA-이상)액티브	160,899	359
498180	파워 종합채권(AA-이상)액티브	118,559	104
461500	HANARO 종합채권(AA-이상)액티브	87,344	3,675
488720	WON 종합채권(AA-이상)액티브	67,100	4,621
0017Y0	1Q 종합채권(AA-이상)액티브	65,234	1,116

그림 4-4 종합채권 ETF 순자산 총액 및 일평균거래량 (1년)
(출처 : data.krx.co.kr, 2025년 12월 30일 기준)

　　　　　　　　　　　　　　　ETF의 시대 ― 왜 아직도 종목 고민을 합니까

하지만 그림 4-5의 장중 호가 조성을 보면 매도/매수로 약간의 가격차가 있지만 2000주씩(약 2억 원씩) 호가가 조성되어 있음을 알 수 있습니다. 어느 정도의 금액은 장내에서 LP들에 의해서 거래가 가능하기 때문에 거래량이 적은 것이 꼭 문제가 되지는 않습니다. 다만, 단기적 매매 목적에서는 이러한 가격 갭이 발생한다면 수익률에 영향을 줄 수 있습니다.

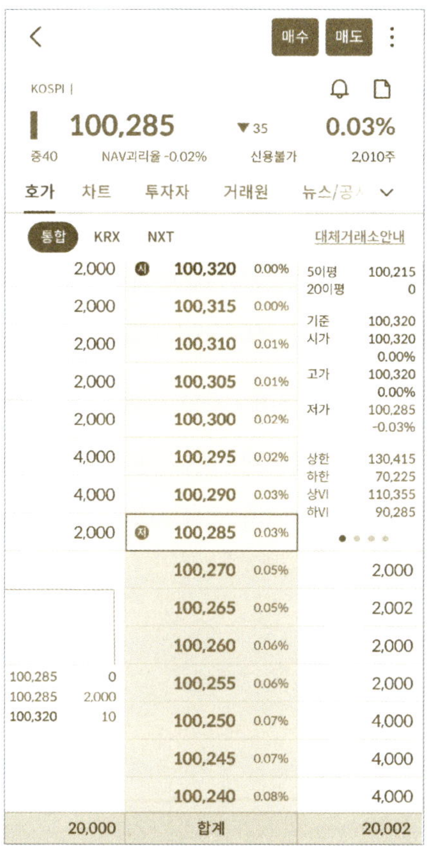

그림 4-5 채권형 ETF 호가창

03

최근 수익률이
좋은 상품 확인하기

지금까지는 투자 방법에 대해 주로 설명했습니다. 그렇기 때문에 대표 지수 위주로 설명을 했고, 안정적인 커버드콜과 같은 상품 설명이 주를 이루었습니다. ETF는 분산 투자를 위한 도구이고, 다양하게 분산 투자를 도와주는 상품입니다. 그러나 특정 산업군/기업군에 집중 투자하는 도구로도 활용됩니다.

대표지수를 따라가는 상품 이외에도 시장 환경에 따라 수익률이 시장을 크게 상회하는 ETF들이 많이 있습니다. 2026년 1월 미국에서 열린 CESConsumer Electronics Show에서는 휴머노이드 로봇이 화두였습니다. 불과 몇 년 전 만해도 PC/TV/핸드폰과 같은 가전제품에 대한 신제품 홍보장에서 시대의 트렌드를 보여주는 곳으로 탈바꿈하였습니다. 이번 CES에서는 피지컬 AI가 대세를 이루었고, 많은 기업들이 기존의 전자제품에서 진화하는 흐름을 보여주었습니다. 현대자동차도 '아틀라스' 휴머노이드 로봇을 공개하면서 1월에 주가가 큰 폭으로 상승하였습니다.

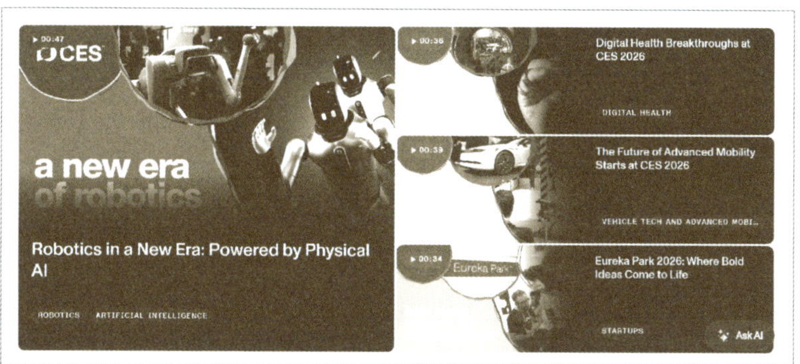

그림 4-6 2026년 CES 메인 홈페이지 화면 (출처: ces.tech)

우리나라도 현대자동차를 선두로 하여 미국/중국 다음의 AI 선도 국가가 될 수 있다는 투자자들의 생각이 생기면서 특정산업/섹터에 투자하는 국내 주식형 ETF들의 성과가 코스피 지수의 성과를 앞섰습니다.

그림 4-7은 2025년 12월 30일 종가 대비 2026년 1월 30일 종가로 살펴본 월간 수익률 Top10입니다. 우주항공, 반도체 포함 ETF 성과가 압도적으로 좋은 한달이었습니다(레버리지 상품 제외). 지속적으로 기간 수익률이 좋은 상품을 찾아보고, 해당하는 섹터의 흐름이 계속될 수 있는지 판단하여 투자 비중을 조절한다면 좋은 투자

종목코드	종목명	수익률(%)
421320	PLUS 우주항공&UAM	64.34
475300	SOL 반도체전공정	52.33
396500	TIGER 반도체TOP10	49.25
0093A0	RISE AI반도체TOP10	48.04
476260	HANARO 반도체핵심공정주도주	47.50
471760	TIGER AI반도체핵심공정	47.50
091230	TIGER 반도체	45.54
261060	TIGER 코스닥150IT	45.20
091160	KODEX 반도체	45.17
469150	ACE AI반도체포커스	44.35

그림 4-7 국내 수익률 TOP10
(출처 : data.krx.co.kr, 최근 1개월 수익률, 2026년 1월 30일 기준)

　　　　　　　　　　ETF의 시대 — 왜 아직도 종목 고민을 합니까

수익률을 확보할 수 있습니다. 트렌드에 민감한 주식일수록 변동
성이 크기 때문에 한두 종목에 투자하기보다는 그 산업에 투자하는
것이 안정적입니다.

신규상장 ETF 찾아보기

ETF는 운용사가 만드는 상품입니다. 상품을 만드는(공급) 사람의 입장에서는 투자자(수요)가 가장 선호할만한 상품을 만들어야 잘 판매됩니다. 그래서 향후에 유망한 기업, 섹터, 산업에 대해 끊임없이 공부하고 연구하고 관련 기업을 발굴해냅니다. 그래서 신규 ETF들이 꾸준히 시장에 선보이게 됩니다.

시대의 흐름은 계속 바뀝니다.

금융 상품도 유행이 있습니다. 투자자들에게 더 매력적인 상품을 위해 운용사들은 끊임없이 고민합니다. 예전에는 해외에 다양한 상품들이 상장되어 투자자들의 이목을 끌었다면 이제는 국내 투자에서도 다양한 상품을 통해 투자가 가능합니다. 운용사들의 신규상장 ETF들을 통해서 다양한 상품 투자가 가능해졌습니다. 신규상장 ETF 정보는 한국거래소 블로그에 올라옵니다(blog.naver.com/happy_krx). 블로그 첫 페이지로 들어가면 그림 4-8과 같이 리스트가

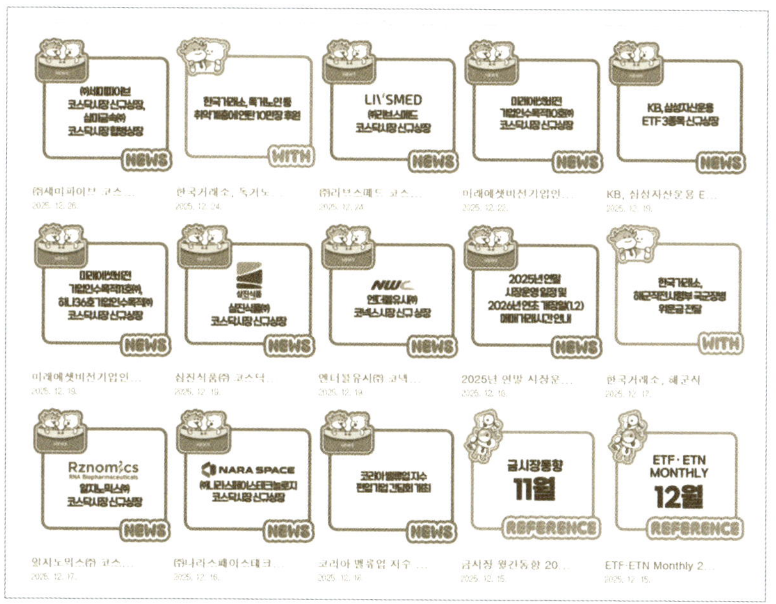

그림 4-8 한국거래소 공식블로그 메인화면 (2025년 12월 26일 기준)

그림으로 보여집니다. 이곳에서 ETF 상장 관련해서도 상장일 3영업일 전에 블로그에서 먼저 알려줍니다. 또한 매월 발간하는 ETF/ETN 관련 월간동향 자료도 다운이 가능합니다.

그림 4-9는 2025년 12월에 신규 상장한 ETF 리스트입니다. 각 회사별로 다양한 상품들이 있음을 알 수 있습니다.

종목코드	종목명	상장일
0144M0	KODEX 미국드론UAM TOP10	2025/12/23
0144L0	KODEX 미국성장커버드콜액티브	2025/12/23
0138T0	RISE 미국S&P500데일리고정커버드콜	2025/12/23
0139P0	ACE 고배당주	2025/12/16
0123S0	HANARO 26-12 은행채(AA+이상)액티브	2025/12/16
0135Y0	ITF 중기종합채권(AA-이상)액티브	2025/12/16
0138Y0	PLUS 금채권혼합	2025/12/16
0138D0	RISE 동학개미	2025/12/16
0141S0	SOL 조선기자재	2025/12/16
0141T0	SOL 중기종합채권(AA-이상)액티브	2025/12/16
0137W0	KIWOOM 미국S&P500&GOLD	2025/12/09
0137V0	KIWOOM 미국S&P500모멘텀	2025/12/09
0132K0	PLUS 테슬라위클리커버드콜채권혼합	2025/12/09
0139F0	TIGER 12월자동연장금융채(AA-이상)액티브	2025/12/09
0142D0	TIGER 미국AI데이터센터TOP4Plus	2025/12/09
0120J0	BNK 카카오그룹포커스	2025/12/02

그림 4-9 2025년 12월 신규 상장 ETF 리스트

 ETF의 시대 — 왜 아직도 종목 고민을 합니까

여전히 커버드콜 상품이 많은 운용사에서 상장되어 투자자들의 관심을 받고 있습니다. 2025년에는 금/은 같은 원자재 가격이 급등하였는데 이와 관련된 상품도 보이고, 채권형 상품도 눈에 띕니다. 대표지수 투자성과에 플러스 알파를 원하는 고객들을 위한 상품들도 있습니다. AI와 관련된 ETF는 2025년에 가장 많이 상장된 ETF라고 할 수 있습니다.

신규 상품을 제대로 이해하기 위해서는 각 회사의 홈페이지에 들어가서 확인하는 것이 가장 좋습니다. 종목명만 보고도 그 상품에 대한 이해는 가능하지만 실제 ETF가 어떻게 운용되는지에 대하여 비교가 필요합니다. 특히 같은 이름을 가진 ETF라도 회사가 추종하는 지수에 편입종목 비중이 다를 수 있고, 액티브라면 지수 투자 비중이 더 다르게 운용될 수 있기 때문에 점검이 필요합니다. 2025년 12월 23일에 상장된 2개 회사의 ETF 중 한 개씩을 살펴보겠습니다. KODEX 미국성장커버드콜액티브와 RISE 미국S&P 500 데일리고정커버드콜 ETF에 대한 정보를 찾아보겠습니다.

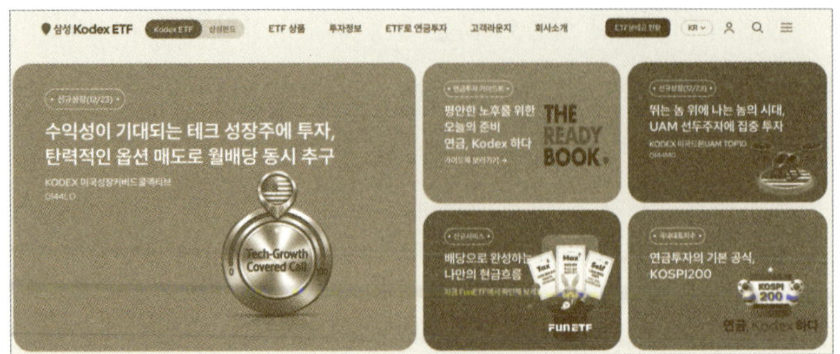

그림 4-10 KODEX 홈페이지 메인 화면 (2025년 12월 26일 기준)

KODEX 미국성장커버드콜액티브

www.kodex.com(또는 www.samsungfund.com/etf/main.do)을 인터넷 주소창에 입력하거나 네이버 등에서 KODEX를 검색하면 바로 KODEX 홈페이지에 들어갈 수 있습니다. 그림 4-10과 같이 첫 화면에 바로 신규 상장 상품이 뜨는 것을 확인할 수 있습니다.

그림 4-11에서 보듯이 해당 상품의 가장 중요한 투자포인트에 대한 설명이 있습니다. 신규 상품의 경우 기본적인 전략에서 유행을 따르는 거래 형태 등을 담고 있기 때문에 투자 전에 꼭 한 번 검토해야 합니다. 그림 4-11의 해당 상품은 테크기반 이익성장 기업에 투자하면서 커버드콜로 월배당이 가능케 한 투자 전략을 메인으로 삼고 있습니다.

  ETF의 시대 — 왜 아직도 종목 고민을 합니까

그림 4-11 KODEX 미국성장커버드콜액티브 설명 화면

RISE 미국S&P500데일리고정커버드콜

www.riseetf.co.kr를 인터넷 주소창에 입력하거나 네이버 등에서 RISE를 검색하면 바로 RISE 홈페이지에 들어갈 수 있습니다. 그림 4-12처럼 RISE ETF 홈페이지 첫 화면에 바로 신규 상장 상품이 뜨는 것을 확인할 수 있습니다.

그림 4-12 RISE ETF 홈페이지 메인 화면 (2025년 12월 26일 기준)

그림 4-13에서 보듯이 해당 상품에 대한 전반적인 투자 이해도를 높이기 위한 내역이 나와있습니다. 해당 상품은 S&P 500 기초지수 상승의 90% 참여가 가능하게 커버드콜 관련 상품이며 콜옵션 매도를 일정 수준으로 관리하고 월분배를 목표로 하는 상품입니다. 신규 ETF일수록 복잡한 내용이 있을 수 있기 때문에 해당하는 내역에 대해서 자세하게 적어 놓습니다. 그래서 신규 ETF의 상품에 대해서는 홈페이지에서 관련 자료를 참고하면 많은 도움이 됩니다.

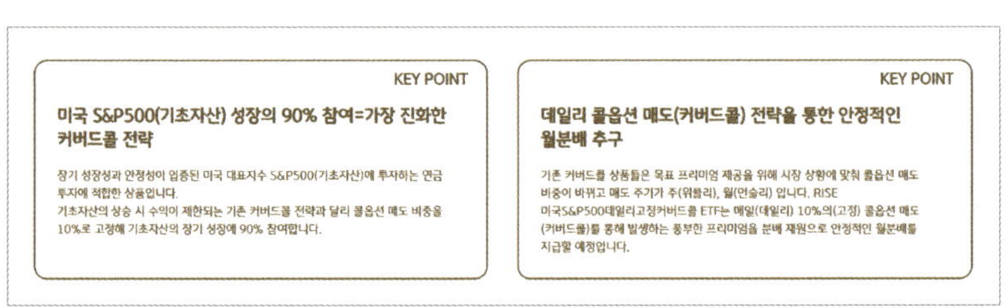

그림 4-13 RISE 미국S&P 500 데일리고정커버드콜 상품 설명화면

트렌드 ETF

ETF는 코스피 200을 추종하는 패시브형 단순 상품에서 시작해서 현재는 총 1,000개가 넘는 다양한 상품들이 출시되었습니다. 그동안의 신규 상장 ETF에 대해서 분류를 해보면 트렌드를 확인할 수 있습니다.

월분배 상품

투자를 할 때 복리 효과를 생각한다면 끊임없이 재투자를 통해 수익률을 극대화 해야 합니다. 이는 워런 버핏의 말에서도 확인이 가능합니다. 하지만 최근에는 분배로 현금흐름이 꾸준히 확보되는 투자안이 떠오르고 있습니다. 안정적 현금흐름 확보를 통해 다양한 것들을 추가적으로 할 수 있도록 투자자들의 요구가 늘어나고 있습니다. 분배를 통해서 다른 자산에 투자하거나 이익이 난 부분을 빠르게 실현하고자 하는 욕구가 동시에 나타난 것입니다. 국내에는 많은 상품들이 월분배를 실시하고 있습니다. ETF Check 사이트에서 '월배당'을 검색하면 163 종목이 검색되어 전체 상장 종목의 10% 이상이 월분배를 시행하고 있음을 알 수 있습니다.

주식형 ETF에서도 분배금은 금융소득종합과세 대상이 되는 점을 유의해야 합니다(주식매매차익 및 옵션 매도로 인한 수익은 비과세입니다).

ETF는 패시브한 상품이 주류를 이루고 있으나 다양한 형태의 추가 수익 전략을 활용하면서 액티브 ETF들이 많이 출시되고 있습니다. 운용사 고유의 능력을 발휘할 수 있는 ETF가 많이 상장되고 있습니다.

그림 4-14를 보면 같은 미국 나스닥 100지수를 가지고 운용하는 회사에서도 성과 차이가 발생하는 것을 알 수 있습니다. 단기 수익률(3개월)은 패시브형이 좋지만 장기 수익률은(1년) 액티브 펀드가 좋습니다. 보유 종목 비중이나 운용 현황에 따라 성과가 다르게 나

기본정보	KODEX 미국나스닥 100	TIME 미국나스닥 100액티브
운용사	삼성자산운용	타임폴리오자산운용
순자산총액	46,529억	10,394억
연간배당률	0.6300%	0.0900%
총보수	0.0062%	0.8000%
TER	0.1000%	0.9100%
실비용	0.1548%	1.3664%
수익률 (3개월)	6.77%	-3.08%
수익률 (1년)	16.42%	24.41%

그림 4-14 패시브, 액티브 ETF 비교 (출처 : ETF Check, 2025년 12월 30일 기준)

타납니다. 또한 실제 비용은 액티브가 9배 높게 발생하는 점도 참고해야 할 사항입니다. 액티브 ETF의 경우 비교 지수 대비해서 주요 투자 비중이 수시로 변동될 수 있으니 홈페이지 등을 통해 투자 비중이 바뀌는 정도 등을 점검해야 합니다.

커버드콜

커버드콜은 향후에도 다양하게 상품이 나올 것으로 예상됩니다. 비과세 수익으로 꾸준히 배당을 지급할 수 있는 투자자 맞춤 상품이기 때문입니다. 기초지수를 일정 수준으로 추종하면서 추가적으로 수익이 생길 수 있는 상품이니 커버드콜 이름이 붙어서 나오면 기초지수 및 투자 전략을 확인해야 합니다. 수익률을 추종하는 정도와 콜옵션을 매도하는 비중, 비율을 점검하여 투자자에게 맞는 커버드콜 ETF를 투자해야 합니다.

　　　　　　　　　ETF의 시대 — 왜 아직도 종목 고민을 합니까

파킹형

　주식이 너무 올라서 일단 이익 실현을 한 사람들은 빠른 시간 안에 다시 투자를 하기가 쉽지 않습니다. 특히 코스피는 단기간에 4,000포인트에서 5,000포인트를 돌파하고 6,000포인트도 쉽게 넘어서기도 했습니다. 투자를 하면서 일부 자금을 현금화해서 보유하고 싶은 순간이 있습니다. 하지만 그냥 현금을 보유하게 되면 수익이 발생하지 않습니다. 그래서 안정적으로 잠시 돈을 운용할 상품이 필요합니다. 이런 경우에 좋은 것이 파킹형 상품입니다(돈을 잠시 쉬게 한다는 의미로 주차를 의미하는 파킹parking형으로 이름을 부릅니다).

　파킹형 상품은 은행의 수시입출금 통장과 같은 상품인데 이자율이 좀 더 높은 상품입니다. 그래서 어떤 이자율을 추종하는지에 따라 세 가지로 구분됩니다. 우리나라 무위험 수익률을 따라가는 KOFR 금리 추종형, 양도성예금증서CD 금리 추종형, 단기 채권형에 투자하여 머니마켓펀드MMF보다는 높은 수익을 추구하는 머니마켓액티브형입니다.

종목코드	종목명
453060	HANARO KOFR금리액티브(합성)
423160	KODEX KOFR금리액티브(합성)
453010	PLUS KOFR금리
479520	RISE KOFR금리액티브(합성)
449170	TIGER KOFR금리액티브(합성)

그림 4-15 KOFR 금리 추종 ETF 리스트

1. KOFR 금리 추종형

KOFR^{Korea Overnight Financing Repo Rate}는 국채/통안증권(한국은행이 발행한 채권)을 담보로 하는 1일 만기 단기 조달 금리를 의미합니다. 해당 금리는 우리나라의 무위험 지표금리로 한국예탁결제원에서 산출합니다. 기준금리 수준에서 보통 금리가 형성되며 2025년 12월 기준 연 2.50% 내외로 1일 수익률이 결정됩니다. 그림 4-15는 현재 우리나라에 상장되어 있는 KOFR ETF입니다. PLUS ETF는 실제 레포^{Repo}(일반적으로 1일물로 운용되며 금융기관 사이에서 나중에 다시 사는 조건으로 보유 증권을 매도하여 돈을 빌리는 것을 의미합니다)로 운용되며 나머지 상품은 합성형으로 증권사와 스왑^{Swap} 계약을 맺어 수익률을 추종합니다.

2. 양도성예금증서(CD) 금리 추종형

양도성예금증서^{CD}란 대출금리의 기준금리로 활용되면서 일반

　ETF의 시대 ― 왜 아직도 종목 고민을 합니까

인에게도 많이 알려진 금리입니다. 최근에는 대출이 KOFIX 금리를 기준으로 사용하지만, CD 금리는 여전히 투자자들에게는 익숙한 단어입니다. CD란 예금이지만 양도(남에게 매도)가 가능한 예금증서라는 뜻으로 은행들이 여러 유동성 관리를 위해서 발행을 하고 있습니다. CD 금리는 일반적으로 만기가 91일인 것들이 기준이 됩니다. 은행의 신용이 들어가고 만기가 KOFR(1일)보다 길기 때문에 일반적으로 한국은행 기준금리나 KOFR 금리보다는 높게 형성됩니다. 그래서 단기 투자 시 수익률이 더 좋습니다. 그림 4-16은 현재 CD 금리를 추종하는 상품들입니다.

종목코드	종목명
491610	1Q CD 금리액티브(합성)
458210	KIWOOM CD 금리액티브(합성)
481050	KODEX CD1년금리플러스액티브(합성)
459580	KODEX CD 금리액티브(합성)
477080	RISE CD 금리액티브(합성)
475630	TIGER CD1년금리액티브(합성)
357870	TIGER CD 금리투자KIS(합성)
499660	TIGER CD 금리플러스액티브(합성)

그림 4-16 CD 금리 추종 ETF 리스트

CD 금리는 91일 만기지만 1년 만기도 발행되는 경우가 있고 일반적으로 만기가 길면 수익률이 더 높은 경우가 많습니다(기준금리 인

하기에는 1년 CD 금리가 낮은 경우도 있습니다). 대부분 CD ETF는 KOFR ETF
와 같이 증권사와의 스왑계약을 통해 합성형으로 이루어지기 때
문에 수익률은 비교적 안정적으로 나오는 상품입니다. 또한 계속
일복리로 투자를 하여 장기 투자 시에는 복리 효과도 얻을 수 있습
니다.

3. 머니마켓액티브

머니마켓액티브 ETF는 2023년에 첫 선을 보였습니다. 머니마
켓펀드MMF는 운용사에서 초단기 상품으로 가장 편하고, 안전하
게 투자가능한 상품입니다. 머니마켓액티브는 다양한 규제를 받는
MMF와 달리 완화적 규제 적용을 받기 때문에 상대적으로 높은 수
익률을 추구하는 펀드입니다.

CD 금리나 KOFR 금리투자 ETF가 자본 차익 없이 일일 수익률
을 추종하는 상품이라면 머니마켓액티브 ETF는 금리 하락 시점에
서 일정 수준 자본 차익도 발생하며 수익률이 더 높게 나올 수 있다
는 장점이 있습니다. 운용사들이 직접 MMF를 운용하던 노하우를
가지고 운용하면서 실물형으로 운용하고 있다는 것도 다른 점입니
다. 그래서 투자 자산의 대상, 신용등급, 만기 등에 따라 같은 이름
의 머니마켓액티브 ETF라도 운용사별로 차이가 납니다.

　　　　　　　　ETF의 시대 ― 왜 아직도 종목 고민을 합니까

종목코드	종목명
479080	1Q 머니마켓액티브
487340	ACE 머니마켓액티브
486830	HANARO 머니마켓액티브
0113P0	HK 머니마켓액티브
476450	KIWOOM 머니마켓액티브
488770	KODEX 머니마켓액티브
0048J0	KODEX 미국머니마켓액티브
491230	PLUS 국공채머니마켓액티브
477050	PLUS 머니마켓액티브
455890	RISE 머니마켓액티브
497880	SOL CD 금리&머니마켓액티브
484890	SOL 머니마켓액티브
0043B0	TIGER 머니마켓액티브
458030	WON 국공채머니마켓액티브

그림 4-17 머니마켓액티브 ETF 리스트

4. SOFR 금리 추종형

미국의 대표적인 무위험지표금리RFR, Risk Free Reference Rate인 SOFRSecured Overnight Financing Rate 금리를 추종하는 상품입니다. 미국연방 기준금리에 따라 일일 금리 수익률이 결정되며, 달러(USD) 기준으로 움직입니다. 우리나라에 상장되어 있는 상품들은 헤지가 안되어 있는 상품이기 때문에 수익률은 환율과 SOFR 금리에 따른

종목코드	종목명
456880	ACE 미국 달러SOFR금리(합성)
460270	KIWOOM 미국 달러SOFR금리액티브(합성)
455030	KODEX 미국 달러SOFR금리액티브(합성)
456200	PLUS 미국 달러SOFR금리액티브(합성)
455960	RISE 미국 달러SOFR금리액티브(합성)
456610	TIGER 미국 달러SOFR금리액티브(합성)

그림 4-18 SOFR 금리 추종 ETF 리스트

이자 수익으로 구성됩니다. 그래서 원화가 약세일 경우에는 수익률이 높게 나타날 수 있고, 원화가 강세가 되면 일시적으로 마이너스 수익률이 나타납니다.

미국 달러 강세에 투자하고 싶으면서 잠시 파킹형으로 운용하고 싶다면 이 ETF에 투자하면 됩니다. 환전을 직접 하지 않고도 달러로 투자한 효과를 원하는 투자자에게 좋습니다. 환율의 움직임에 미국 기준금리 수준의 금리를 일복리로 제공하는 ETF입니다.

여러 가지 자산배분을 하는 포트폴리오를 구성할 경우 항상 포함하는 것이 채권입니다. 국내/해외 채권 상관없이 자산배분에서 주식에 비해 안정적으로 이자 수익이 발생하는 형태의 자산입니다. 채권은 개인투자자가 직접 거래하려면 비용도 많이 들고, 종목도 매수하기가 쉽지 않습니다. 주식과는 달리 국고채 일부 종목을 제외하고는 대부분의 채권이 장외로 거래되기 때문입니다.

채권형 ETF는 주식 거래 플랫폼을 이용하여 거래하는 상품이기 때문에 채권과는 다른 요소들이 많지만 오히려 투자자들이 더 쉽게 다가갈 수 있습니다. 우선 채권형 ETF는 가격으로 거래합니다. 기존의 채권은 가격을 금리로 나타내고 금리와 가격이 반대로 움직인다는 점에서 많은 투자자들에게 혼란을 가져왔습니다. 그러나 ETF는 채권을 가격으로 거래하기 때문에 좀 더 직관적으로 이해가 가능합니다.

그림 4-19는 채권 ETF의 안정성과 가격 변동성을 나타내었습니다. 1번(단기 국공채)이 가장 신용도 높은 채권에 투자하며(안정성이 높고) 가격 변동성은 낮습니다. 9번(장기회사채)이 가장 신용 위험이 높고 가격 변동성도 높습니다. 채권을 만기별로 분류 시 일반적으로 단

기는 1년 이내, 중기는 5년 이내, 장기는 5년 초과를 이야기합니다.

섹터는 발행자별로 속성을 묶어 분류한 것입니다. 국채(기재부 발행), 통안채(한국은행 발행), 특수은행채(특수은행 발행), 공사채(공사 발행)와 같은 채권은 신용도가 높으며 종합채권은 모든 발행기관을 비율대로 나눈것입니다. 회사채는 우리가 일반적으로 아는 기업들이 발행한 채권을 의미합니다. 종합채권은 주식의 코스피 지수와 같이 기준에 맞는 채권을 다 포함하는 것입니다.

일반적으로 만기가 길어질수록 동일한 금리 변동에 따른 채권의 가격 변동이 큽니다. 국내에 상장되어 많이 거래되는 채권형의 경우 30년 만기 채권이 있는데 다른 채권형에 비해 가격 변동률이

그림 4-19 채권 만기/섹터에 따른 가격 변동성 추이

  ETF의 시대 — 왜 아직도 종목 고민을 합니까

높습니다. 또한 채권은 환헤지 여부에 따라서 성과 차이도 많이 발생합니다.

그림 4-20을 보면 단기 채권형과 30년 채권형의 기간 수익률이 차이가 있음을 알 수 있습니다. 미국 채권의 경우 금리인하로 인해 단기 채권의 투자 수익률이 안정적으로 상승했으며 환헤지를 하지 않아 2025년 한 해 동안 원화 약세로 인해 성과가 더 좋아지는 효과도 있었습니다. 같은 30년 만기 채권형 상품도 환헤지 여부에 따라 성과가 차이가 있는 것도 알 수 있습니다.

기본정보	ACE미국 달러 단기 채권액티브	ACE미국30년 국채액티브	ACE미국30년 국채액티브(H)
종목코드	440650	476760	453850
운용사	한국투자신탁운용	한국투자신탁운용	한국투자신탁운용
순자산총액	414억	3,407억	2조 1,999억
연간분배율	3.11%	3.80%	4.00%
수익률 (1개월)	-1.36%	-3.71%	-2.36%
수익률 (3개월)	3.78%	1.06%	-2.30%
수익률 (6개월)	8.22%	6.40%	-0.64%
수익률 (1년)	2.47%	0.40%	0.82%

그림 4-20 만기 및 환헤지에 따른 채권형 ETF 성과 비교
(출처 : ETF Check, 배당 재투자 감안 수익률, 2026년 1월 2일 기준)

레버리지/인버스형

그동안 파생 상품을 통해서만 가능했던 레버리지/인버스 투자가 이제 비교적 쉽게 ETF를 통해서 투자가 가능합니다. 단, 레버리지는 단기 투자에 적합합니다. 레버리지 ETF에 투자하기 위해서는 다음 2가지 조건이 선행되어야 합니다.

● 예탁금

일반 투자자의 경우 기본 예탁금이 1천만 원 이상이 되어야 합니다. 그러나 일부 조건 완화 시 500만 원으로 낮아질 수 있습니다.

● 의무교육

2020년 이후 국내 레버리지 ETP를 투자하기 위해서는 1시간의 교육이 필수가 되었습니다. 2025년 12월부터는 해외 레버리지 ETF에 투자하기 위해서는 최소 1시간의 교육 이수도 추가되었습니다. 금융투자교육원(www.kifin.or.kr) 사이트의 이러닝에서 ETP로 검색하면 됩니다.

그림 4-21처럼 회원가입이 필요하며 4천 원의 수강료도 있습니다. ETP란 Exchange Trade Product 약자로 ETF, ETN 등을 모두 포괄하는 것을 뜻합니다.

   ETF의 시대 ― 왜 아직도 종목 고민을 합니까

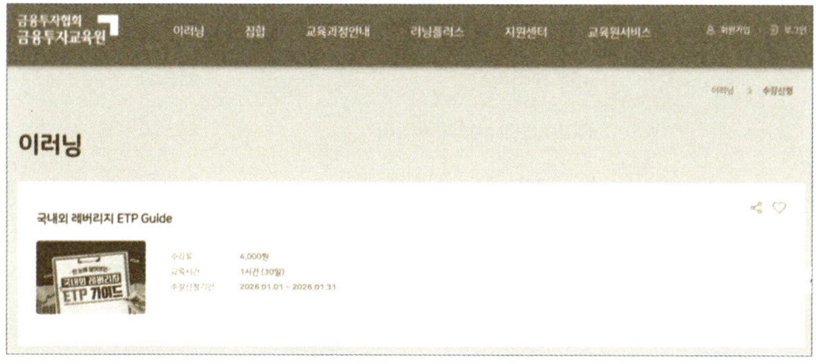

그림 4-21 레버리지ETP 교육 신청 화면

2025년 한 해 동안 레버리지 상품은 가히 엄청난 수익률을 기록했습니다. 국내 상장된 ETF에서 레버리지 이름으로 들어간 것 중 100% 이상의 수익률을 기록한 상품은 그림 4-22와 같습니다. 2025년에 코스피 상승률이 75.6%이었던 점을 감안하면 대부분의 레버리지 상품이 240% 내외를 기록하였으며, 이는 코스피 상승률의 3배 이상이었습니다.

종목코드	종목명	1년 수익률(%)
488080	TIGER 반도체TOP10레버리지	307.09
243880	TIGER 200IT레버리지	305.01
494310	KODEX 반도체레버리지	295.27
253150	PLUS 200선물레버리지	240.75
304780	HANARO 200선물레버리지	244.26
123320	TIGER 레버리지	244.55
122630	KODEX 레버리지	243.41

252400	RISE 200선물레버리지	243.36
152500	ACE 레버리지	242.49
267770	TIGER 200선물레버리지	242.49
253250	KIWOOM 200선물레버리지	242.19
306950	KODEX KRX300레버리지	219.23
225130	ACE 골드선물 레버리지(합성 H)	132.26

그림 4-22 2025년 100% 이상 수익률 발생 종목
(출처 : data.krx.co.kr. 2025년 12월 30일 기준)

연속으로 상승하는 날이 많을수록 레버리지 ETF 성과는 더 좋아집니다. 반대로 지속적으로 하락하는 장세나 횡보 장세에서는 수익률이 좋지 않을 수 있다는 점을 기억하고 있어야 합니다.

그림 4-23을 보면 최근 5년 동안의 수익률을 보면 횡보하면서 하락하거나 상승하지 못하는 장세에서는 레버리지 투자가 확실히 불리함을 알 수 있습니다.

레버리지 투자 상품은 다양하게 상장되어 있습니다. 비록 퇴직연금 등 연금계좌에서는 투자가 불가능하지만 주식형 계좌에서 단기적으로 수익을 추구하는 투자자들은 고려해 볼 만한 상품들입니다. 다만 레버리지 상품은 일반 주식형과 달리 가격 상승에 대해서도 과세가 됩니다.

그림 4-23 KODEX 200, KODEX 레버리지 5년 수익률 비교차트 (출처 : Funetf.co.kr)

그림 4-24는 우리나라에 상장되어 있는 상품 리스트와 2025년 수익률입니다. 레버리지는 강세장에서 확실하게 자산이 늘어나는 속도가 빠를 수 있지만 약세장에서는 그만큼 손실도 더 발생할 수 있다는 점을 확인하고 투자하기 바랍니다.

분류	종목코드	종목명	1년 수익률
금	225130	ACE 골드선물 레버리지(합성 H)	132.26
KOSPI	152500	ACE 레버리지	242.49
	304780	HANARO 200선물레버리지	244.26
	253250	KIWOOM 200선물레버리지	242.19
	306950	KODEX KRX300레버리지	219.23
	122630	KODEX 레버리지	243.41
	253150	PLUS 200선물레버리지	240.75
	252400	RISE 200선물레버리지	243.36
	267770	TIGER 200선물레버리지	242.49
	123320	TIGER 레버리지	244.55

분류	종목코드	종목명	수익률
KOSDAQ	306530	HANARO 코스닥150선물레버리지	73.04
	291630	KIWOOM 코스닥150선물레버리지	73.44
	233740	KODEX 코스닥150레버리지	72.00
	278240	RISE 코스닥150선물레버리지	71.79
	233160	TIGER 코스닥150 레버리지	70.45
KOSPI섹터	462330	KODEX 2차전지산업레버리지	6.74
	0100K0	KODEX K방산TOP10레버리지	25년 상장
	494310	KODEX 반도체레버리지	295.27
	0104G0	PLUS K방산레버리지	25년 상장
	0080Y0	SOL 조선 TOP3플러스레버리지	25년 상장
	243880	TIGER 200IT레버리지	305.01
	243890	TIGER 200에너지화학레버리지	94.92
	412570	TIGER 2차전지TOP10레버리지	-10.43
	412560	TIGER BBIG레버리지	21.26
	488080	TIGER 반도체TOP10레버리지	307.09
미국	465610	ACE 미국빅테크TOP7 Plus레버리지(합성)	23.15
	409820	KODEX 미국나스닥100레버리지(합성 H)	26.57
	461910	PLUS 미국테크TOP10레버리지(합성)	18.71
	225040	TIGER 미국S&P500레버리지(합성 H)	21.71
	418660	TIGER 미국나스닥100레버리지(합성)	23.52
	423920	TIGER 미국필라델피아반도체레버리지(합성)	52.22
기타국가	196030	ACE 일본TOPIX레버리지(H)	47.72
	219900	ACE 중국본토CSI300레버리지(합성)	31.47
	453820	KODEX 인도Nifty50레버리지(합성)	-6.52
	204450	KODEX 차이나H레버리지(H)	36.17
	225050	TIGER 유로스탁스레버리지(합성 H)	24.65

ETF의 시대 — 왜 아직도 종목 고민을 합니까

	225060	TIGER 이머징마켓MSCI레버리지(합성 H)	51.91
기타국가	236350	TIGER 인도니프티 50레버리지(합성)	-7.65
	204480	TIGER 차이나CSI 300레버리지(합성)	28.87
	456680	TIGER 차이나전기차레버리지(합성)	53.31
	438320	TIGER 차이나항셍테크레버리지(합성 H)	24.45
채권	452250	ACE 미국30년국채선물레버리지(합성 H)	-2.86
	167860	KIWOOM 국고채10년레버리지	-6.50
	451670	RISE 국채30년레버리지(합성)	-16.75
	267490	RISE 미국장기국채선물레버리지(합성 H)	3.67
미국 달러	225800	KIWOOM 미국 달러선물레버리지	-1.41
	261250	KODEX 미국 달러선물레버리지	-0.84
	261110	TIGER 미국 달러선물레버리지	-1.21

그림 4-24 레버리지 ETF 리스트 (출처 : data.krx.co.kr, 2025년 12월 30일 기준)

2025년은 대부분의 자산이 가격이 상승하면서 인버스 상품은 마이너스 수익률을 크게 기록하였습니다. 특히, 2배 인버스에 투자했을 경우 코스피 2배 인버스는 -76% 수준의 손실을 보였습니다. 코스피가 1년간 76% 수준으로 상승한 것에 비하면 상대적으로 1년 동안 기간 수익률의 2배가 하락해서 152%의 하락을 보여야 합니다. 그러나 인버스 상품도 레버리지와 마찬가지로 일간 수익률을 추종하기 때문에 기간 수익률로 비교하면 다르게 나타납니다.

그림 4-25는 2025년 한 해 동안 인버스, 인버스 레버리지 상품의 수익률을 나타낸 것입니다. 오를 때 마이너스가 컸던 만큼 투자 운용 시 단기적으로 하락장에서도 대응이 가능한 상품으로 투자 포트폴리오에 넣으면 좋습니다.

분류	종목코드	종목명	1년 수익률
원자재	271050	KODEX WTI원유선물인버스(H)	1.77
	217770	TIGER 원유선물인버스(H)	-1.61
	280940	KODEX 골드선물인버스(H)	-38.03
	334700	RISE 팔라듐선물인버스(H)	-51.47
KOSPI	123310	TIGER 인버스	-48.65
	145670	ACE 인버스	-48.82
	253240	KIWOOM 200선물인버스	-49.20
	252410	RISE 200선물인버스	-49.31
	114800	KODEX 인버스	-49.32
	306520	HANARO 200선물인버스	-49.39
	253230	KIWOOM 200선물인버스2X	-76.00
	252420	RISE 200선물인버스2X	-76.11
	253160	PLUS 200선물인버스2X	-76.11
	252670	KODEX 200선물인버스2X	-76.16
	252710	TIGER 200선물인버스2X	-76.20
KOSDAQ	250780	TIGER 코스닥150선물인버스	-29.52
	251340	KODEX 코스닥150선물인버스	-29.57
	291620	KIWOOM 코스닥150선물인버스	-29.76

ETF의 시대 — 왜 아직도 종목 고민을 합니까

KOSDAQ	301410	PLUS 코스닥150선물인버스	-29.97
	275750	RISE 코스닥150선물인버스	-30.13
KOSPI섹터	465350	RISE 2차전지TOP10인버스(합성)	-29.27
미국	225030	TIGER 미국S&P500선물인버스(H)	-14.95
	409810	KODEX 미국나스닥100선물인버스(H)	-16.46
	481200	SOL 미국테크TOP10인버스(합성)	-19.06
	465620	ACE 미국빅테크TOP7 Plus인버스(합성)	-25.04
	491630	RISE 미국반도체인버스(합성 H)	-42.70
기타국가	217780	TIGER 차이나CSI300인버스(합성)	-21.40
	205720	ACE 일본 TOPIX인버스(합성 H)	-24.09
	291680	RISE 차이나H선물인버스(H)	-24.55
채권	295020	RISE 국채선물10년인버스	4.15
	176950	KODEX 국채선물10년인버스	3.66
	292770	KODEX 국채선물3년인버스	2.56
	282000	RISE 국고채3년선물인버스	2.25
	304670	KODEX 미국30년국채울트라선물인버스(H)	-3.61
	267450	RISE 미국장기국채선물인버스(H)	-5.32
미국 달러	469530	RISE 미국 달러선물인버스	1.40
	261270	KODEX 미국 달러선물인버스	1.17
	139660	KIWOOM 미국 달러선물인버스	1.00
	261260	KODEX 미국 달러선물인버스2X	-0.50
	230480	KIWOOM 미국 달러선물인버스2X	-0.79
	261120	TIGER 미국 달러선물인버스2X	-1.78

그림 4-25 인버스 ETF 리스트
(출처 : data.krx.co.kr, 2025년 12월 30일 기준)

미국 상장 ETF 투자하기

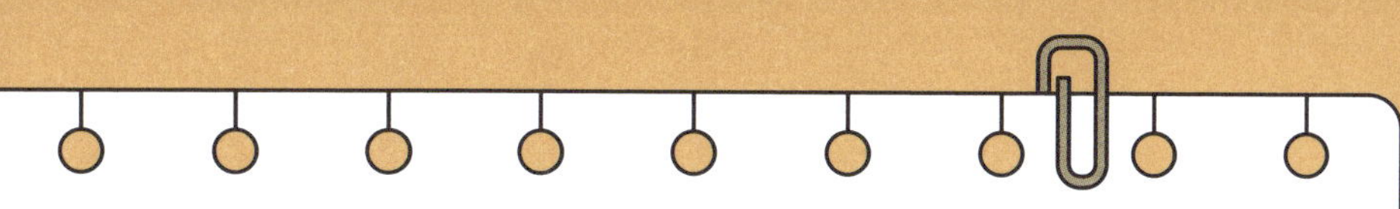

01

미국 ETF 투자의 장점

국내 상장 ETF로도 국내 및 미국, 일본, 중국 등의 국가에는 투자를 쉽고 빠르고 편하게 할 수 있습니다. 하지만 미국은 국내보다 상품이 더 다양하게 구성되어 있어, 더 다양한 자산에 투자할 수 있습니다.

세금 효율성

국내 투자와 해외 투자의 가장 큰 차이는 세금 체계입니다. 미국에 상장된 ETF를 거래할 때 여러 종목의 매매에서 발생한 이익과 손실을 합쳐서 세금을 냅니다. 예를 들어 A 종목에서 500만 원의 이익이 발생하고 B 종목에서 400만 원의 손실이 발생했다면 최종 수익 100만 원에 대해서만 과세대상으로 합니다.

그림 5-1의 상황이라면 2026년 현재 250만 원의 이익까지는 비과세이기 때문에 100만 원만 이익이 발생했다면 세금을 내지 않아도 됩니다. 이는 주식형, 채권형, 파생형 등 모든 유형의 투자 자산에 동일하게 적용됩니다.

그림 5-1 해외 투자 수익 과세

매매차익에 대한 분리과세 혜택이 있습니다. 우리나라는 연 2천만 원 이상의 금융소득이 발생하는 경우 금융소득종합과세 대상이 됩니다. 그런데, 미국에서 거래되는 ETF를 통해서 매매차익이 발생하는 경우 양도세 22%로 모든 세금이 끝납니다. 주식형의 자산 가격 상승에 대해서 국내는 세금이 없다는 강점이 있지만 레버리지 등과 같은 주식 외의 ETF에 투자하는 경우에는 미국 상장 ETF가 세금 측면에서 유리할 수가 있습니다. 많은 규모의 매매차익이 발생하는 경우에는 미국 투자가 유리한 측면도 있습니다. 국내 투자로 배당소득이 발생해 종합소득세 대상이 된다면 최대 49.5%까지의 세금을 내야 할 수도 있기 때문입니다. 미국 ETF의 현금배당은 배당소득세 15%가 원천징수되고, 이는 금융소득종합과세 계산에 합산됩니다.

미국 상장 주식에 투자하는 경우 250만 원이 연간 기준으로 비과세이기 때문에 장기 투자를 하는 경우라도 무조건 250만 원 내에서 이익 실현을 하고 재매수하는 전략을 활용해야 합니다. 이 금액은 비과세라 세금이 발생하지 않기 때문입니다. 모든 종목에서 이익이 발생하지 않을 수도 있는데 그러면 손실 종목을 정리하면서 이익 종목도 같이 정리하고 250만 원 이내로 이익 금액을 맞추면 됩니다.

다양성과 유동성

3배 투자 상품, 2배 인버스, 개별 종목 2배 레버리지와 같은 상품들이 있습니다. 한국에는 없는 한국 대형주로 구성된 지수의 3배 레버리지 상품이 있습니다(Ticker: KORU, Direxion Daily MSCI South Korea Bull 3X shares). 또한 글로벌 투자자들이 모두 참여하는 시장이기 때문에 ETF 순자산이나 거래량이 국내시장을 크게 앞지릅니다.

2026년 1월 국내에서도 국내 종목 대상으로 2배 레버리지 단일 상품에 대한 투자가 가능하도록 입법예고가 되었습니다. 2026년 상반기 중에는 해당 상품이 출시될 것으로 예상됩니다. 다만 3배 레버리지 상품은 현재로서는 불가할 것으로 보입니다.

그림 5-2는 2026년 1월 2일 기준 미국의 운용자산 규모 상위 ETF 순위입니다. 뱅가드Vanguard사의 S&P 500을 추종하는 하나의 ETFVOO가 운용자산이 1,200조 원이 넘습니다. 삼성전자나 SK하이닉스 시가총액보다 더 큰 규모입니다. 우리나라에서 시가총액이 100조 원이 넘는 기업이 3군데밖에 없는 것을 감안하면 정말 큰 시장입니다. 또한 상위 10개 종목 중 한 개는(10위) 채권형 상품인 것을 감안하면 미국은 다양한 투자자들로 하여금 주요 투자수단으로 사랑받고 있다는 점을 확인할 수 있습니다.

티커	펀드명	운용자산(조 원)
VOO	Vanguard S&P500 ETF	1,211
IVV	iShares Core S&P500 ETF	1,099
SPY	SPDR S&P500 ETF Trust	1,027
VTI	Vanguard Total Stock Market ETF	825
QQQ	Invesco QQQ Trust Series I	586
VUG	Vanguard Growth ETF	292
VEA	Vanguard FTSE Developed Markets ETF	281
IEFA	iShares Core MSCI EAFE ETF	237
VTV	Vanguard Value ETF	229
BND	Vanguard Total Bond Market ETF	211

그림 5-2 미국 ETF 순자산 규모
(출처 : ETF Check, 환율 1440원 기준, 2026년 1월 2일 기준)

참고로 국내는 10조 원 이상 되는 ETF가 2개 있으며 TIGER 미국S&P 500이 약 12.8조 원, KODEX 200이 12.3조 원 수준입니다 (2026년 1월 2일 기준).

ETF의 시대 ― 왜 아직도 종목 고민을 합니까

● Ticker

티커라고 하며 우리나라의 종목코드와 같습니다. 알파벳으로 표현을 하며 회사별로 특색(애플 : AAPL, 마이크로소프트 : MSFT 등)을 나타내고 있습니다. 네이버나 구글에서 이러한 티커로만 검색해도 해당되는 종목에 대한 설명이 나옵니다.

● Direxion

레버리지, 인버스 ETF에 특화된 운용사이자 브랜드입니다. 반도체 3배 레버리지 인버스(SOXL, SOXS) 등의 상품이 유명하며 국내에서는 테슬라 2배 레버리지 ETF(TSLL)로도 유명합니다.

달러 자산 보유 (환노출 효과)

현재 우리나라에 상장된 미국 투자 ETF들 중 환헤지를 하지 않은 상품들도 많이 있습니다. 이 상품들은 달러가 강세를 보임에 따라 성과도 올라가는 것을 알 수 있습니다. 미국 ETF에 직접 투자하기 위해서는 환전을 해야 합니다. 환전 비용도 투자 비용에서 중요한 사항이니 꼭 참고해서 활용하기 바랍니다.

국내 지수의 가격변동성이 확대되거나 지수가 하락할 때는 달러 가치가 오르는 경향이 있어서 이러한 가격 하락분을 일부 방어할 수 있는 효과가 있습니다.

낮은 운용보수와 투명성

미국 현지에서 미국 관련된 주식에 투자를 하면서 운용보수 및 총비용이 낮게 유지되는 상품들이 대표지수 위주로 나타나고 있습니다. VOO는 0.03%의 총비용으로 장기 투자에 좋은 상품입니다. 다만 어느 상품이 더 낮은지도 중요하지만 안정적으로 장기 수익률이 지수를 잘 추종하는지를 살펴보는 것이 중요합니다.

또한 분배 상품으로 유명한 JEPI나 SCHD 같은 ETF는 분배금은 안정적으로 수령하면서, 성장성도 잡을 수 있고 분리과세도 가능한 장점이 있습니다.

ETF의 시대 — 왜 아직도 종목 고민을 합니까

02

미국 ETF 상품 알아보기

미국 상장 ETF는 국내 투자자들도 이미 투자를 많이 하고 있습니다. 지수 상품부터 개별 종목 레버리지까지 다양한 상품들에 투자하고 있습니다. 국내에 없는 상품 및 전략을 활용한 ETF도 많습니다.

우리나라에서 2023년 이후 해외자산에 대한 투자가 급격히 늘어나면서 미국 상장 ETF에 대한 투자도 크게 확대되었습니다.

그림 5-3은 예탁결제원에 2025년 말 기준으로 보관하고 있는 미국 주식 순위입니다. 일반적으로 개인들의 투자 성향을 볼 수 있는 자료로 활용을 많이 합니다. 개인 투자자들이 증권사를 통해서 매매하면 이는 예탁결제원을 통해 자료가 기록되기 때문입니다. 기관 투자자는 그렇지 않은 경우가 많습니다.

음영처리된 것들은 ETF입니다. 20 종목 중 절반이 ETF입니다. 나스닥 추종(QQQ) ETF부터 반도체 3배 레버리지(SOXL) 상품, 3배 나스닥 수익률 추종(TQQQ) 및 테슬라 2배 레버리지(TSLL)와 같은 고위험 상품도 있지만 분배 ETF(SCHD)나 단기미국채(SGOV) 채권 등에도 투자를 하고 있습니다.

단, 레버리지 상품은 변동성이 커서 위험합니다. 특히 3배 레버리지는 상/하한가가 없는 미국시장에서는 더욱 위험할 수 있습니다. 핵심 투자 종목으로 투자하기보다는 단기적 투자 목적으로 투자하는게 좋습니다.

티커	순위	종목명	보관금액
	1	TESLA INC	28,091,626,382
	2	NVIDIA CORP	17,866,187,320
	3	PALANTIR TECHNOLOGIES INC CL A	6,549,511,187
	4	ALPHABET INC CL A	6,462,404,348
	5	APPLE INC	4,554,316,086
QQQ	6	INVESCO QQQ TRUST SRS 1 ETF	3,858,722,992
	7	IONQ INC	3,526,864,383
VOO	8	VANGUARD SP 500 ETF	3,455,432,200
	9	MICROSOFT CORP	3,451,513,408
TQQQ	10	PROSHARES ULTRAPRO QQQ ETF	3,422,862,690
	11	BROADCOM INC	3,003,600,383
SOXL	12	DIREXION DAILY SEMICONDUCTORS BULL 3X SHS ETF	3,002,500,694
SPY	13	SPDR SP 500 ETF TRUST	2,508,083,603
TSLL	14	DIREXION DAILY TSLA BULL 2X SHARES	2,463,467,914
SCHD	15	SCHWAB US DIVIDEND EQUITY ETF	2,318,251,590
	16	AMAZON.COM INC	2,043,967,919
	17	META PLATFORMS INC CL A	1,770,906,847
QQQM	18	INVESCO NASDAQ 100 ETF	1,537,423,967
SGOV	19	ISHARES 0-3 MONTH TREASURY BOND ETF	1,470,567,752
QLD	20	PROSHARES ULTRA QQQ ETF	1,421,998,836

그림 5-3 예탁결제원 보관 상위 20개 미국 상장 종목
(출처: 예탁결제원, 2025년 12월 말 기준)

대표지수 추종형 ETF

미국 상장 지수추종형은 국내에도 많이 상장되어 있어서 국내와의 차이점에 대해서 비교를 하겠습니다. 우리나라에서 가장 큰 TIGER S&P 500 ETF를 기준으로 하고 환헤지가 되어 있는 상품 그리고 세계에서 가장 큰 VOO와 1993년도에 출시된 SPY를 가지고 비교해보도록 하겠습니다.

가장 큰 차이는 두 가지입니다. 과세와 수익률입니다. 국내 주식형 ETF의 경우 매매차익 세금이 없지만 해외에 투자하는 국내 상장 ETF는 매매차익에 대해서 15.4%의 배당소득세가 나옵니다. 이 부분은 나중에 금융소득으로 되어 2천만 원 한도에 포함됩니다. 하지만 해외 상장 ETF에서 발생하는 매매차익은 양도소득세로 분리과세가 가능합니다. 현금배당에 대해서는 국내에서 투자하는 상품과 동일하게 배당소득세가 나옵니다. 다만 배당률이 1% 수준으로 높지 않습니다.

수익률도 차이가 있습니다. 국내에서 투자하는 상품은 원달러 환율의 영향을 받습니다. 해외 상장된 ETF를 직접 투자할 때도 실제로는 이러한 효과가 있기 때문에 환율에 대한 영향이 같다라고 보면 됩니다. 환헤지형 상품은 헤지 비용 등이 추가적으로 들어가기 때문

기본정보	TIGER S&P 500	TIGER S&P 500(H)	Vanguard S&P 500	SDPR S&P 500
종목코드	360750	448290	VOO	SPY
운용사	미래에셋자산운용	미래에셋자산운용	Vanguard	State Street Investment management
순자산	128,898억	4,393억	845,471백만 USD	716,463백만 USD
연간 배당률	0.98%	0.73%	1.11%	1.06%
총보수	0.0068%	0.0700%		
TER	0.0700%	0.1700%	0.0300%	0.0945%
실비용	0.1076%	0.2337%	0.0300%	0.0945%
매매차익 세금	15.4% 배당소득세	15.4% 배당소득세	22.0% 양도소득세	22.0% 양도소득세
현금배당 세금	15.4% 배당소득세	15.4% 배당소득세	15.0% 배당소득세	15.0% 배당소득세
수익률 (1개월)	-0.96%	0.40%	0.60%	0.59%
수익률 (3개월)	6.50%	2.68%	3.08%	3.07%
수익률 (6개월)	17.81%	9.89%	10.57%	10.60%
수익률 (1년)	15.40%	14.33%	17.60%	17.54%
수익률 (3년)	28.57%	20.29%	23.64%	23.55%

그림 5-4 S&P 500투자 ETF 비교
(출처 : ETF Check, 배당 재투자 감안 수익률, 2026년 1월 6일 기준, VOO, SPY는 1월 5일 기준)

에 미국 상장 종목들보다는 수익률이 떨어집니다. 미국에서 1993년도에 설정된 ETF의 역사와도 같은 SPY가 VOO에 역전된 것은 앞서 언급하였듯이 실비용 차이입니다. VOO는 실비용이 0.03%로 압도적으로 낮은 비용이 발생하여 장기 투자에 좋습니다. 주식형이고, SPY도 0.0945% 수준임을 감안하면 크지 않다고 볼 수 있지만 장기 투자 시 이 부분은 성과에 차이를 주는 확실한 요소입니다.

채권 ETF

미국 상장 채권형 ETF와 국내 상장 상품과의 가장 큰 차이는 투자 비중입니다. 우리나라 공모펀드(ETF 포함)의 경우 국가별로 정부가 발행한 채권에 투자 가능한 최대 비중은 30%입니다. OECD 가입국가 및 중국에 해당하는 것으로 자본시장법상 규제입니다. 그래서 우리나라에 상장되어 있는 ETF의 경우 미국채 30년이라는 이름의 ETF도 미국재무부가 발행한 채권에는 30%를 초과하여 투자를 하지 못합니다. 그래서 다른 ETF 등으로 투자하고 있습니다.

그림 5-5는 국내에 상장되어 있는 ACE미국30년국채액티브(H) ETF입니다. SP나 T라는 티커는 미국 재무부에서 발행한 채권을 의미합니다. 만기가 다른 같은 티커의 투자 비중을 합산해보면 30%

 ETF의 시대 — 왜 아직도 종목 고민을 합니까

종목명	비중(%)
SP 0 02/15/55	2.57
SP 0 08/15/55	2.47
SP 0 05/15/55	2.46
T 4 3/4 05/15/55	6.50
T 4 5/8 02/15/55	2.36
T 4 1/4 02/15/54	2.03
T 3 5/8 05/15/53	1.43
T 3 5/8 02/15/53	1.33
T 4 1/4 08/15/54	1.14
T 1 7/8 02/15/51	0.63
T 4 1/8 08/15/53	0.94
T 4 1/2 11/15/54	0.90
T 4 5/8 05/15/54	0.56
T 4 3/4 11/15/53	0.31
T 3 08/15/52	0.1
T 2.875 05/15/52	0.09
EIBKOR 3 1/4 08/12/26	0.22
EIBKOR 4 7/8 01/11/26	0.22
VANGUARD EXTENDED DUR TREASURY	14.12
ISHARES 25+ YR TREAS STRIPS	0.97
PIMCO 25+ YR ZERO CPN US TIF	5.36
ISHARES 20+ YEAR TREASURY BD	5.64
PROSHARES ULTRA 20+ YEAR TSY	0.07
FX스왑 USD 251027-29	8.08
FX스왑 USD 251024-13	18.52
FX스왑 USD 251029-07	20.96
[USD] 예금	0

그림 5-5 ACE미국30년국채액티브(H) PDF 구성 내역
(출처 : ACE ETF 홈페이지, 2025년 12월 30일 기준)

수준 이하로 운용하고 있습니다. 제도적인 문제로 인해 포트폴리오가 이와 같이 운용되고 있지만 2중 보수가 발생하는 문제가 있어 성과에는 부정적일 수 있습니다. 반면 미국에 상장되어 있는 장기 채권 ETF 등에 직접 투자를 하면 비용 문제는 사라집니다.

그림 5-6은 미국에 상장되어 있는 대표적인 장기 채권 투자 ETF 리스트와 속성입니다.

티커	명칭	특징
TLT	iShares 20+ Year Treasury Bond	20년 이상 채권 투자. 거래량이 많고 가장 대중적
EDV	Vanguard Extended Duration Treasury	초장기형 채권 위주의 상품
VGLT	Vanguard Long-Term Treasury	낮은 운용보수 상품
TLTW	iShares 20+ Year Treasury BuyWrite	TLT를 기반으로 커버드콜 전략활용
TMF	Direxion Daily 20+ Yr Trsy Bull 3X	20년 이상 장기채 일간 수익률 3배 추종

그림 5-6 미국 상장 대표 장기 채권 투자 ETF

가장 대표적 장기 채권 투자 ETF인 TLT의 보유 비중을 보면 미국 국채를 99.76% 보유하고 있습니다.

ETF의 시대 ─ 왜 아직도 종목 고민을 합니까

as of Jan 06, 2026

Issuer	Weight (%)
UNITED STATES TREASURY	99.76

그림 5-7 TLT 발행자에 따른 보유 비중
(출처 : Blackrock 홈페이지, 2026년 1월 6일 기준)

그림 5-7과 같이 운용하게 된다면 다른 추가적인 비용 등은 발생하지 않기 때문에 지수와 비슷한 흐름의 성과를 보입니다. 국내 상장된 미국 국채 ETF의 경우 ETF 내에서 다른 ETF로 투자를 하는 경우 비용 문제도 발생하고 추가적으로 괴리율이나 추적오차도 커질 수 있기 때문에 미국 채권에 투자를 할 때에는 미국 상장 상품이 상대적으로 변동성이 낮은 상품이 됩니다.

글로벌 ETF 운용사

우리나라 ETF는 우리나라 자산운용사들이 만들어 익숙합니다. 광고도 많이 하고 브랜드도 익숙합니다. 그러나 해외 운용사들은 익숙하지 않은 이름들도 많습니다. 그래서 글로벌 ETF 운용사 이름과 브랜드를 알아보겠습니다.

그림 5-8은 2026년 1월 기준 미국 ETF 운용사 순위입니다. 1,000억 달러 이상 운용하고 있는 회사를 대상으로 했습니다.

1위는 블랙록Blackrock입니다. iShares라는 브랜드로 다양한 ETF를 선보이고 있습니다. 468가지의 상품을 출시하여 상품 종류도 많고 다양한 자산에 투자하는 상품을 내고 있습니다. 순자산 규모도

순위	회사명	ETF 브랜드	운용자산 (백만USD)	운용자산 (조 원)	ETF 수
1	BlackRock, Inc.	iShares	4,029,069	5,802	468
2	Vanguard	Vanguard	3,890,465	5,602	100
3	State Street	SPDR	1,675,323	2,412	174
4	Invesco	Invesco	808,603	1,164	238
5	The Charles Schwab Corp.	Schwab	498,008	717	34
6	JPMorgan	JPMorgan	277,474	400	71
7	Dimensional	Dimensional	245,515	354	41
8	First Trust	First Trust	233,144	336	297
9	World Gold Council	SPDR	175,929	253	2
10	Fidelity	Fidelity	149,564	215	75
11	VanEck	VanEck	127,274	183	71
12	The Capital Group Companies	Capital Group	107,710	155	25
13	American Century Investments	Avantis	100,184	144	47

그림 5-8 글로벌 ETF 운용사 순위 (출처 : ETFDB.com, 2026년 1월 5일 기준)

　　　　　　　ETF의 시대 ― 왜 아직도 종목 고민을 합니까

5,802조 원으로 국내 ETF 전체 시장보다도 많은 곳입니다. 우리나라 전체 ETF 규모는 2026년 초 기준으로 300조 원 수준인 걸 감안하면 국내 전체 규모의 10배 이상을 한 회사가 운용하고 있는 것입니다. 대부분 그림 5-8에 있는 회사의 ETF 위주로 투자하게 됩니다. 상위 운용사의 ETF일수록 거래량도 많고 순자산 규모도 크기 때문입니다.

레버리지/인버스 ETF

미국은 레버리지/인버스 상품이 굉장히 발달되어 있습니다. 3배 개별 주식 종목 레버리지 상품도 있습니다. 그래서 투자 유의사항도 있습니다. 일간 수익률의 3배를 추종하기 때문에 상한가/하한가 제도가 없는 미국의 경우 일간 수익률이 -40%가 되는 경우가 발생하면 3배 레버리지 ETF 상품은 상장폐지에 해당하게 됩니다. 그래서 3배 개별 종목 ETF의 경우에는 많은 주의를 해야 합니다.

우리나라 사람들의 레버리지 사랑은 특별합니다. 예탁원을 통해 우리나라에서 매수하고 있는 상위 20개 종목의 해외 주식에서 레버리지 상품이 4개나 있습니다(TQQQ, SOXL, TSLL, QLD). 나스닥 지수를 3배(TQQQ) 또는 2배(QLD) 추종하는 지수형 상품에 투자하기도

하지만 SOXL과 같은 반도체 섹터 3배 투자 상품도 있고 TSLL과 같은 개별 주식(테슬라) 2배 상품도 있습니다. 이 상품의 경우 국내 투자자가 전체 상장 주식의 50% 내외를 가지고 있기도 합니다.

미국 상장 레버리지/인버스 ETF 중 위에 언급한 종목들이 우리나라 투자자들에게 선택을 많이 받는 이유는 국내에는 존재하지 않는 상품들이기 때문입니다(지수 3배, 개별 주식 2배 등). 미국 레버리지/인버스 상품의 특징을 요약하면 다음과 같습니다.

● 개별 종목 레버리지/인버스 상품이 있습니다.

우리나라 투자자들이 선호하는 테슬라도 있지만 애플, 알파벳, 메타, 마이크로소프트 등 많은 종목의 2배 레버리지 및 1배 인버스 상품이 있습니다.

● 3배 레버리지/인버스 상품이 있습니다.

특정 섹터지수에 3배 레버리지 상품이 있습니다. S&P 500 3배 레버리지(SPXL)/3배 인버스(SPXS) 모두 있으며 나스닥 3배 레버리지(TQQQ)도 있습니다. 20년 이상 초장기 채권 3배 레버리지(TMF)가 있으며 인버스(TMV)도 있습니다.

● 특정 섹터 레버리지 상품이 있습니다.

금선물 2배(UGL)나 비트코인 2배(BITX)와 같이 국내에 없는 상품

　　　　ETF의 시대 — 왜 아직도 종목 고민을 합니까

도 있습니다. 다양한 자산군의 레버리지 투자를 할 수 있다는 점은
투자자들에게 매력적일 수 있습니다.

분배 ETF (배당 ETF)

최근에 우리나라는 커버드콜 전략을 통해서 분배를 극대화하는 방식을 활용하고 있습니다. 그러나 분배금이 높은 ETF는 SCHD/JEPI/JEPQ가 원조입니다. 흔히들 슈드/제피/젭큐라고 불리며 국내 투자자들에게도 관심도가 매우 높은 ETF입니다. ETF는 속성상 분배라고 표현해야 맞지만, JEPI나 JEPQ의 경우 배당 ETF라는 말로 많이 쓰이고 있어서 아래에서는 배당으로 쓰도록 하겠습니다.

● SCHD (Schwab US Dividend Equity ETF)

전통적인 배당주에 투자합니다. 다우존스 미국배당 100지수를 초과 달성하는 것을 목표로 하며 낮은 비용이 장점입니다. 추종하는 지수에 포함되는 조건은 10년 연속 배당 지급, 재무건전성, 배당 수익률, 5년 배당 성장률 등을 고려하여 100 종목을 편입하며 정기적인 리밸런싱을 가집니다.

현재 우리나라에도 ACE 미국배당다우존스, KODEX 미국배당다우존스, SOL 미국배당다우존스, TIGER 미국배당다우존스가 상장되어 있으며 모두 SHCD와 비슷한 전략을 활용하고 있습니다. 다만 SCHD가 운용자산(약 71억 USD)이 더 크고, 운용기간도 15년이 되어 성과도 안정적입니다.

안정적 배당을 목표로 하기 때문에 변동성이 낮아 적립식으로 꾸준히 모으는 투자자들에게 인기가 높은 상품입니다. 대형가치주로 구성이 되어 있으며 2025년도 기준 약 3.8% 내외의 연배당 수익률을 보여주고 있으며 배당은 분기 단위로 이루어집니다. 에너지, 소비재, 헬스케어 세 섹터의 투자 비중이 50%를 넘습니다.

● JEPI(JPMorgan Equity Premium Income ETF)

미국 대형주 주식에 투자를 하면서 옵션 매도 전략을 통해 인컴 수익을 창출합니다. 커버드콜 ETF입니다. 커버드콜 전략을 통해 기존의 전통적 배당 ETF보다 높은 수준의 배당이 가능해졌습니다. 포트폴리오에는 ELN Equity Linked Note으로 현금흐름을 만드는 증권에도 투자를 하고 있습니다. 섹터는 IT 비중이 가장 높으며 전통적인 배당주에 투자하는 것이 아니라 S&P 500 종목에서 투자하고 월배당 전략을 통해서 안정적 현금흐름을 창출하고 있습니다. 2025년 기준 8%대의 평균 배당률을 보였습니다.

● JEPQ(JPMorgan Nasdaq Equity Premium Income ETF)

JPEI는 S&P 500의 우량주를 대상으로 하고 JEPQ는 나스닥 100의 종목을 중심으로 포트폴리오를 구성하며 커버드콜 전략을 씁니다. 옵션의 가격은 기초자산의 가격 변동성이 클수록 더 높습니다. 변동성이 크다는 것은 가격에 대한 불확실성이 높다는 의미입니다. 옵션을 일정한 가격에 주식을 사거나 팔 수 있는 권리이기 때문에 어느 방향이든 더 움직일 수 있기 때문입니다. 그래서 JEPQ가 배당률이 JEPI보다 더 높습니다. 2025년도 기준 11% 수준의 배당수익률을 기록하였습니다. 그러나 S&P 500보다 나스닥 100 종목의 가격 변동성이 더 크기 때문에 기초지수의 가격 변동성에 따라 JEPI와 JEPQ는 성과차이가 발생할 수 있습니다. 또한 일정 구간에서는 분배금의 안정성도 낮을 수 있습니다. JEPI와 같게 월배당 상품입니다.

그림 5-9는 세 개의 ETF를 비교한 표입니다. 투자자의 성향 및 필요에 맞게 선택하면 됩니다.

항목	SCHD	JEPI	JEPQ
운용사	Charles Schwab	JPMorgan	JPMorgan
추종지수	Dow Jones U.S. Dividend 100 Index	S&P 500 Total Return Index	Nasdaq 100 Index
운용전략	배당성향 높은 종목 선별 투자	S&P 중대형주 위주 투자. 주식연계노트(ELN) 및 콜옵션 매도	나스닥 100 위주 투자. 주식연계노트(ELN) 및 콜옵션 매도
변동성	낮은 변동성 추구	S&P 500 보다 낮은 변동성 추구	추종지수와 유사한 변동성
운용규모	747억 USD	415억 USD	325억 USD
TER	0.06%	0.35%	0.35%
SEC Yield (30day)	3.71%	8.13%	11.00%

그림 5-9 SCHD/JEPI/JEPQ 비교

그림 5-10은 수익률 비교입니다. 대표적 S&P 500에 투자하는 VOO와도 비교한 수익률입니다. 최근 3년간 장기 상승장에서는

기간	SCHD	JEPI	JEPQ	VOO
1개월	5.02%	2.92%	1.54%	1.91%
3개월	6.81%	4.72%	5.51%	3.73%
6개월	6.69%	6.56%	14.70%	11.91%
1년	8.59%	9.33%	16.36%	19.18%
3년	24.29%	34.70%	97.19%	86.67%

그림 5-10 SCHD/JEPI/JEPQ/VOO 수익률 비교
(출처 : ETF Check, 2026년 1월 9일 기준, 배당금 재투자 가정한 수익률)

ETF의 시대 — 왜 아직도 종목 고민을 합니까

JEPQ/VOO가 성과가 좋습니다. 배당주 ETF는 상대적으로 성장주가 주도하는 시장에서는 성과가 좋지 않았음을 보여줍니다. 수익률 차트(그림 5-11)를 보면 VOO과 JEPQ가 비슷하게 움직이는 것을 알 수 있습니다.

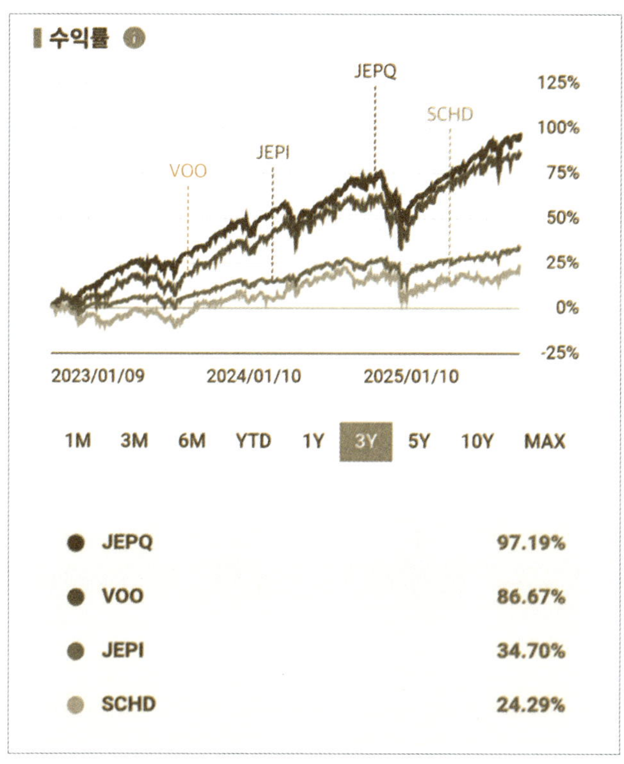

그림 5-11 수익률 차트 (출처 : ETF Check, 2026년 1월 9일 기준)

SEC Yield(30day)

미국 운용사 홈페이지를 들어가거나, 관련한 자료를 검색하다보면 분배율Distribution rate 말고도 다 같이 공시하는 수익률이 있습니다. SEC Yield(30day)라는 단어인데 뜻은 다음과 같습니다.

SEC미국증권거래협회에서 기준을 만들고, 정한 공식에 따라서 펀드의 수익률을 동일한 기준으로 비교할 수 있도록 만들어 놓았습니다. 계산 방식이 통일되어 있어 투자자들이 더 쉽게 비교할 수 있습니다.

최근 30일간 기초자산에서 벌어들인 이자 및 배당 소득을 기준으로 합니다. 소득에서 펀드의 운영비용을 제외한 순(Net)투자 소득을 사용합니다. 이를 연간으로 환산하여 백분율(%)로 표시합니다. 최근 30일 동안 펀드에서 벌어들인 순투자 소득이 1년 내내 유지된다고 가정했을 때 나타나는 예상수익률입니다.

커버드콜 ETF에서는 SEC Yield(30day)와 분배율Distribution rate이 차이가 납니다. 이유는 SEC Yield에서는 옵션 매도로 인한 프리미엄과 같은 비정기적 수익은 계산에 포함하지 않습니다. 그래서 JEPI나 JEPQ는 ELN(노트는 일반적으로 정기적인 이자를 지급합니다) 투자를 통해서 SEC Yield를 높이는 전략을 활용합니다.

 SEC Yield(30day)는 분배를 중시하는 포트폴리오에서는 중요한 값으로 여겨지기 때문에 미국 ETF를 투자한다면 관련 지표를 꼭 확인해야 합니다.

리츠 ETF

리츠 및 부동산 관련해서 미국은 국내보다 더 발달되어 있습니다. 국내에 상장되어 있는 리츠 관련 주식은 대부분 상업용 부동산에 국한되어 있고, 여기서 나오는 임대료가 주수입원입니다. 미국에 상장되어 있는 ETF는 다양한 곳에 투자를 합니다. 데이터센터, 상업용 부동산, 헬스케어, 물류센터 등에 분산 투자를 하고 있습니다.

또한 규모도 압도적으로 크며 자산 다변화도 잘 이루어져 있습니다. 가장 대표적인 투자 상품은 VNQ Vanguard Real Estate ETF입니다. 약 340억 USD 규모로 미국의 다양한 부동산에 분산 투자를 하고 있습니다. 0.13%의 수수료로 다른 주식형에 비해 낮으며 167종목에 분산 투자되어 있습니다. VNQ는 미국 외 지역에 투자하는 ETF로 지역 분산을 위한 투자 대안으로 선택할 수도 있습니다. 분배율은 3~4%를 보여주고 있어 안정적인 배당 수익을 기대하기도 좋은 상품입니다.

SCHH Schwab U.S. REIT ETF는 저보수(0.07%)를 통해 장기 투자자들에게 적합한 상품입니다. 약 89억 USD 규모로 VNQ에 비해서는 적지만 유동성 등은 높아 거래가 용이합니다. 분배율은 VNQ와 비슷한 수준입니다.

이외에도 다양한 섹터, 다양한 종목에 집중 투자하는 ETF들도 상장되어 있습니다. 다만 해외 부동산의 경우 국내보다 경기에 대한 민감도가 크기 때문에 투자 전에 분석이 필수입니다.

암호화폐 ETF

2026년 3월 현재 우리나라에서는 암호화폐를 공식 금융 상품으로 인정하지 않아 우리나라 증권사를 통해서는 암호화폐 현물 ETF의 거래를 할 수 없습니다. 가격의 변동성이 크고 투자자 보호 대책 등이 미흡하고 불법 거래 및 자금세탁 우려가 있기 때문입니다. 그러나 미국에 상장된 암호화폐 관련 ETF는 투자가 가능합니다. 비트코인 선물을 추종하거나, 비트코인 2배 수익률을 추종하는 상품(예시: BITX)에는 투자가 가능합니다. 기존에는 암호화폐를 투자하기 위해서는 암호화폐 거래소를 이용해야 했지만 이제는 증권사를 통해서도 암호화폐의 수익률을 추종할 수 있는 상품에 투자가 가능해졌습니다.

그림 5-12는 주요 암호화폐 ETF입니다. 현물형에는 안 되지만 선물을 통해 운용을 하는 2배 ETF에는 투자가 가능합니다. 그러나 총비용이 2% 중반대로 매우 높기에 장기 투자 시 비용을 감안해야 합니다.

 ETF의 시대 — 왜 아직도 종목 고민을 합니까

항목	IBIT	ETHA	BITX	ETHU
운용사	Blackrock	Blackrock	Volatility Shares	Volatility Shares
추종지수	Bitcoin	Ether-Dollar	2X Bitcoin	2X Ether
투자 자산	BITCOIN 100%	Ether 100%	CME Bitcoin Future / Cash	CME Ether Future / Cash
특징	세계 최대 규모 / 높은 유동성	이더리움 ETF 중 가장 선호	2배 비트코인	2배 이더리움
운용규모	701억 USD	109억 USD	15억 USD	16억 USD
국내 투자 여부	불가능	불가능	가능	가능
TER	0.25%	0.25%	2.38%	2.67%

그림 5-12 암호화폐 ETF

초고분배 ETF

국내도 월분배 ETF가 많습니다. 분배를 자주 한다는 점은 분배금의 재원이 어디서 나오느냐에 따라서 다양한 투자자산 배분전략을 구사할 수 있다는 장점이 있습니다. 해외 상장된 ETF 중에서 가장 분배 주기가 짧은 ETF는 주간 단위로도 지급하는 ETF가 있습니다.

YieldMax라는 자산운용사의 TSLY YieldMax TSLA Option Income Strategy ETF가 국내 투자자에게는 가장 널리 알려져 있습니다. 테슬

라 주가의 흐름을 따르면서 주단위로 분배금을 지급합니다. 펀드의 투자 목적은 현재의 현금흐름을 목표로 합니다. 홈페이지에 게시된 분배율Distribution rate은 49.45% 입니다. 이 분배율은 최근의 분배율을 연율화한 것으로 Yieldmax ETF의 경우 배당을 자본손익(가격상승분)과 인컴수익(배당 및 옵션 매도로 인한 수익포함)을 합쳐서 분배를 합니다. SEC Yield(30day)는 2.67%입니다(26년 1월 14일 기준으로는 자본수익으로 발생한ROC 금액으로만 배당을 100%, 홈페이지 자료). 배당률이 높은 이유는 커버드콜 전략을 활용하기 때문입니다. 그렇기 때문에 주식이 계속 상승하면 TR 기준으로는 수익률이 제한될 수 있습니다.

NVDYYieldMax NVDA Option Income Strategy ETF도 국내 투자자들에게 관심도가 높은 상품입니다. 그림 5-13은 Yieldmax ETF 중 개별 종목 투자를 하면서 분배율이 40% 이상되는 종목들입니다. 주간 분배를 연율화하여 나타낸 수치라 순위는 주단위로 변동이 있을 수 있습니다. SEC Yield(30day)의 경우는 차이가 크지는 않습니다. 다만 자본수익(주가의 상승분)을 배당하는지의 여부는 상당히 차이가 많이 납니다. 자본수익에 대한 배당이 높을수록 일반적으로 주당 가격은 오름폭에 제한이 있을 수 있습니다. 자본 수익이 분배금의 전부라면 이는 주가 상승분만큼 분배를 한다는 의미입니다. 이는 내가 해당 주식의 투자 비중을 분배금만큼 축소(현금으로 지급되기 때문에)하는 효과가 있습니다. 이러한 ETF들은 대부분 총비용이 높습니다. TSLY도 총비용이 0.99%입니다.

    ETF의 시대 ─ 왜 아직도 종목 고민을 합니까

터커	ETF명	분배율	SEC Yield(30day)	자본수익
RDYY	YieldMax® RDDT Option Income Strategy ETF	88.9%	2.23%	0.00%
MARO	YieldMax® MARA Option Income Strategy ETF	73.5%	7.97%	92.21%
CRCO	YieldMax® CRCL Option Income Strategy ETF	71.3%	4.35%	99.72%
MRNY	YieldMax® MRNA Option Income Strategy ETF	70.3%	2.39%	0.00%
MSTY	YieldMax® MSTR Option Income Strategy ETF	67.1%	1.45%	93.90%
HOOY	YieldMax® HOOD Option Income Strategy ETF	58.4%	1.93%	85.49%
XYZY	YieldMax® XYZ Option Income Strategy ETF	57.4%	3.37%	0.00%
SMCY	YieldMax® SMCI Option Income Strategy ETF	56.7%	4.36%	40.68%
AIYY	YieldMax® AI Option Income Strategy ETF	56.1%	2.88%	94.31%
HIYY	YieldMax® HIMS Option Income Strategy ETF	52.6%	5.17%	100.00%
TSLY	YieldMax® TSLA Option Income Strategy ETF	49.5%	2.67%	100.00%
CONY	YieldMax® COIN Option Income Strategy ETF	48.7%	3.49%	93.48%
GMEY	YieldMax® GME Option Income Strategy ETF	48.4%	2.90%	94.43%
RBLY	YieldMax® RBLX Option Income Strategy ETF	45.3%	4.42%	93.50%
AMDY	YieldMax® AMD Option Income Strategy ETF	44.0%	0.91%	89.42%
TSMY	YieldMax® TSM Option Income Strategy ETF	43.8%	2.46%	0.00%
PLTY	YieldMax® PLTR Option Income Strategy ETF	42.2%	2.73%	93.43%
CVNY	YieldMax® CVNA Option Income Strategy ETF	41.1%	2.16%	0.00%

GDXY	YieldMax® Gold Miners Option Income Strategy ETF	39.1%	2.53%	94.33%
AMZY	YieldMax® AMZN Option Income ETF	36.8%	3.03%	92.37%
YBIT	YieldMax® Bitcoin Option Income Strategy ETF	35.1%	2.73%	91.81%
NVDY	YieldMax® NVDA Option Income Strategy ETF	34.2%	2.65%	87.38%
OARK	YieldMax® Innovation Option Income Strategy ETF	34.0%	2.75%	91.68%
GOOY	YieldMax® GOOGL Option Income ETF	33.5%	2.55%	0.00%
PYPY	YieldMax® PYPL Option Income Strategy ETF	31.8%	1.97%	88.78%
ABNY	YieldMax® ABNB Option Income Strategy ETF	31.3%	4.07%	91.36%
BABO	YieldMax® BABA Option Income Strategy ETF	31.3%	3.44%	90.90%
SNOY	YieldMax® SNOW Option Income Strategy ETF	30.8%	2.92%	89.89%
DRAY	YieldMax® DKNG Option Income Strategy ETF	30.7%	2.20%	0.00%
NFLY	YieldMax® NFLX Option Income Strategy ETF	29.1%	3.41%	92.41%
XOMO	YieldMax® XOM Option Income ETF	28.9%	2.64%	0.00%
JPMO	YieldMax® JPM Option Income Strategy ETF	26.1%	1.82%	0.00%
FBY	YieldMax® META Option Income ETF	25.2%	2.59%	0.00%
DISO	YieldMax® DIS Option Income ETF	22.7%	2.80%	0.00%
MSFO	YieldMax® MSFT Option Income ETF	20.6%	2.85%	85.31%
APLY	YieldMax® AAPL Option Income ETF	16.9%	2.03%	0.00%
BRKC	YieldMax® BRK.B Option Income ETF	14.7%	2.62%	79.68%

그림 5-13 Yieldmax ETF 리스트 (분배율 순)

     ETF의 시대 — 왜 아직도 종목 고민을 합니까

Graniteshares의 ETF는 개별 주식 레버리지를 추종하면서 옵
션 매도를 통해서 매주 분배를 합니다. 레버리지를 추종하면서 주
간 단위 분배를 하다보니, 가격의 변동성은 훨씬 큽니다. 일간 수익
률의 2배를 추종하는 상품에서 옵션을 매도하는 전략을 활용하는
것이 개인 투자자들에게는 위험도가 높은 상품입니다.

매주 배당이 항상 좋은 것은 아닙니다. 총수익Total Return 관점에
서 접근해야 합니다. 또한 초고배당 상품의 경우 총비용TER이 상대
적으로 높습니다. 변동성도 크기 때문에 투자 시 철저한 분석이 필
수적입니다. 배당의 재원이 어디서 발생하는지도 파악하면 보다 확
실한 투자를 할 수 있습니다.

최적의 투자안 찾기

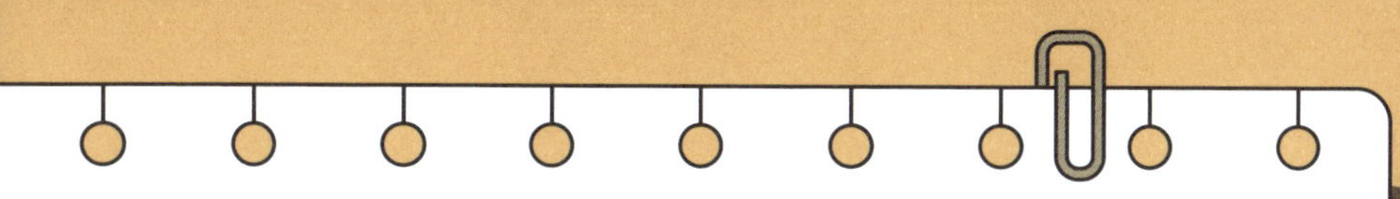

시장 수익률 추종하기

여러분들의 투자 수익률 목표는 어느 수준입니까? 어느 정도의 리스크를 생각하고 있습니까? 안전한 투자를 원하면서 20%~30%의 수익률을 바라고 있지는 않습니까? 절대 수익률보다는 시장의 흐름을 따라가며 추가 수익률이 안정적으로 나오는 것에 대해 어떻게 생각합니까?

마음이 편해지는 투자

심리학자 배리 슈워츠^{Barry Schwartz}가 주장한 이론 중에 '선택의 역설^{The Paradox of Choice}'이 있습니다. 시식대 위에 잼의 종류를 달리하고 사람들의 구매 반응을 점검하였는데 6종의 잼을 진열했던 시식대에서는 방문객의 40%가 맛을 보고 그중 30%가 구매했던 24종의 잼이 놓여있던 시식대에서는 60%가 시식을 했지만, 그 중 3%만 잼을 구매했습니다. 상대적으로 많은 선택권이 주어질 경우 오히려 결정을 내리기 힘들어 안 좋은 결정을 하거나 결정을 포기하는 상황이 나타났습니다. 그러면서 상황을 다음과 같이 세 가지로 특징지었습니다.

- **결정 마비**^{Paralysis} : 잼의 종류가 6종일 때보다 24종일 때 구매율이 현저히 떨어지는 현상.
- **기회비용의 증가** : 선택하지 않은 대안들의 장점이 계속 생각나 현재의 선택에 만족하지 못하는 상태 발생.
- **자책감** : 선택지가 많았음에도 불구하고 최적의 선택을 하지 못했다면, 그 원인을 외부가 아닌 '나 자신'에게 돌리게 되는 현상.

투자도 마찬가지입니다. 지금까지의 내용을 통해 너무 다양한 ETF가 있다는 사실을 확인했습니다. 투자가 쉽지 않을 때는 PART

4에서 설명했던 다양한 전문 투자자들의 투자 방식을 참고하는게 좋습니다 가장 쉬우면서 확실한 방법은 워런 버핏의 방법일 것입니다. 하지만 계속 발전해가는 금융시장에서 장기 투자를 생각한다면 걱정은 적게 하면서 수익률을 조금 더 높일 수 있는 방안을 생각해봐야할 것입니다

● 핵심-위성 전략

ETF에 투자하기로 마음 먹은 순간부터 예금과 같은 초안정형 상품보다는 일부 리스크를 감안하고 투자 수익률을 높이기 위한 전략을 생각하는 게 일반적입니다. 투자 수익률만 높이는 마법은 없습니다. 어떤 투자 방안이든 리스크(변동성)를 감안해야 합니다. 그래서 리스크는 줄이면서 수익률을 높이는 방안을 생각해봐야 합니다. 또한 하루하루 수익률에 일희일비 하다보면 중장기적인 좋은 기회를 놓치기가 쉽습니다. 좀 더 장기 투자를 목표로 하여 투자를 해야 합니다.

개인도 이제는 쉽게 포트폴리오(투자안)를 구축해서 투자할 수 있습니다. 시뮬레이션을 통한 수익률 분석까지는 아니지만 전문가들의 투자법을 따라할 수 있는 다양한 방법이 생겼습니다. 가장 대표적인 투자 전략은 핵심-위성 전략입니다.

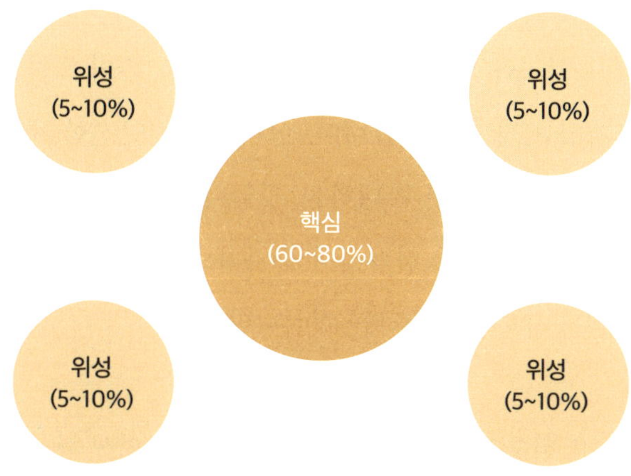

그림 6-1 핵심-위성 전략

핵심-위성 전략Core·Satellite은 많은 대형 연기금 등에서 사용하고 있는 자산배분 방식입니다. 핵심에는 투자 목표에 부합하는 상품을 장기 투자의 관점에서 선정합니다. 대표 지수나 종합 채권과 같은 상품을 주로 선택합니다. 위성에는 시장 환경 및 상황 변화에 따라 시장을 이길 수 있는 상품을 선택합니다.

예를 들면 핵심 전략은 코스피 200이나 S&P 500과 같은 대표지수 상품에 투자를 하고 위성 전략은 투자 시점에서 시장의 관심도가 높은 상품에 투자합니다. 그리고 핵심 전략은 장기적 수익률을 목표로 하기 때문에 최소한 60% 이상의 비중을 가져가는 것이 좋으며 보수적 투자자의 경우에는 90%까지 투자 비중을 확대하면 됩니다.

주식 대표지수(코스피 200, S&P 500)의 가격 변동성이 크게 느껴지는 보수적 투자자라면 주식 대표지수의 비중을 줄이고 이를 채권형 ETF에 투자하는 방법이 있습니다. 상대적으로 안전한 채권형 비중을 전체 포트폴리오에서 확대하는 것입니다. 주식/채권 대표지수 투자 비중 조절 후 위성 전략에서 투자자의 관심도가 높은 상품을 담아서 포트폴리오를 구축하는 것입니다.

이 전략을 활용함에 있어 핵심 자산은 항상 위성 자산보다는 투자 비중이 높아야 합니다. 장기적 관점에서 투자 목표에 맞는 자산을 핵심으로 가져가기 때문에 시장의 단기적 변동성에 대처할 수 있습니다.

그림 6-2는 핵심 위성 전략에 대해서 간단하게 정리를 하였습니다.

구분	투자포인트	고려사항
핵심	시장 평균 수익률 추종	낮은 실비용, 적은 추적 오차
위성	능동적 초과 수익 확보	40%이하로 유지, 시장 트렌드 점검
리밸런싱	주기적으로 리밸런싱	시장 트렌드에 맞춰 위성 전략 점검

그림 6-2 핵심 위성 전략 특성

    ETF의 시대 — 왜 아직도 종목 고민을 합니까

● **언제부터?**

투자는 지금부터입니다. 투자는 젊을 때부터 하는 게 좋습니다. 이 책을 읽고 있는 지금이 여러분 인생에서 가장 젊은 순간입니다. 지금 바로 투자를 시작하십시오. ETF 투자 적기가 언제냐는 질문은 미래를 예측하는 것과 같습니다. 아무도 미래를 알지 못하기 때문에 꾸준히 투자하는 것이 필요합니다. 투자자 개인이 위험을 얼마나 감수할 수 있을지를 먼저 생각해야 합니다. 원금 손실에 대한 두려움이 있다면 MMF와 같은 상품에 가입하면 됩니다.

● **얼마 만큼?**

적립식으로 꾸준히 합시다. 투자는 장기적 관점에서 해야 합니다. 한 번에 모든 돈을 투자하기보다는 시기와 금액을 나누어 투자하고, 적립식으로 나눠서 투자하는 방식이 좋습니다. 목돈을 한 곳에, 한 번에 투자하는 것은 많은 공부와 노력, 정보 등이 필요합니다. 그리고 알지 못한 이유나 뉴스 등으로 인해 생각과 다르게 갈 수도 있습니다. 그렇기 때문에 분산 투자를 하는 것이 좋습니다. ETF는 이러한 관점에서 최적의 투자 대안입니다. ETF 자체가 분산 투자가 기본적으로 이루어진 투자 수단입니다. 과거에는 하기 힘들었던 대표지수 투자 상품은 코스피 200 종목에 분산 투자를 하고, S&P 500개 종목에 분산 투자를 해줍니다. 일정 수입만큼 꾸준히 투자를 진행합시다.

● **수익률을 높이고 싶어요!**

비용과 세금을 줄입시다. 투자 수익률을 올리기 위해서는 고정비용을 줄이는 것이 필수적입니다. 비용이 높은 ETF를 장기 투자하는 것은 포트폴리오에 좋지 않습니다. 하지만 무조건 최저 비용의 ETF를 찾는 것보다는 일정 수준을 정하고 그보다 낮은 상품에서 괴리율, 추적오차, 자산규모, 거래량 등을 비교하며 투자하는게 좋습니다. 같은 지수 상품 중 보수가 0.20%인 ETF와 0.05%가 있다면 0.05%를 고르는 것이 장기적으로 효율적입니다. 그러나 동일지수 투자 ETF 보수가 0.05%, 0.035%, 0.04%, 0.045%, 0.06% 이런 식으로 차이가 크지 않다면 위에서 언급한 다른 조건들을 볼 것을 추천합니다.

세금은 투자자들이 가장 아껴야할 것 중 하나입니다. 세금을 줄이기 위해서는 절세 계좌를 활용하는 게 가장 좋습니다. 가장 쉽고 확실한 방법입니다. 또한 분배금의 재원 등을 확인해야 합니다. 분배금 재원 중 주식 배당금/채권의 이자 등은 과세 대상입니다. 자신의 금융소득 규모 등을 잘 확인해서 추가 세금이 발생하지 않도록 투자해야 합니다.

ETF의 시대 — 왜 아직도 종목 고민을 합니까

02

리밸런싱(Rebalancing)

어제는 진실이었던 것도 오늘 새로운 이론이 나오면 거짓이 될 수 있습니다. 금융시장은 살아서 움직입니다. 그렇기 때문에 장기 투자를 하면서 꾸준히 시대의 변화에 맞춰 포트폴리오를 조정해줘야 합니다. 재건축까지는 아니더라도 꾸준히 리모델링이 필요합니다.

포트폴리오의 재단장 : 리밸런싱

투자는 리밸런싱이 필요합니다. 경제 상황, 금융 상황 등이 변하고 새로운 산업의 등장은 투자 기회가 되기도 하고 위기가 되기도 합니다. 이럴 때 현재 포트폴리오를 점검하고 자신의 투자 목적에 맞게 재단장하는 작업이 리밸런싱입니다.

투자자 A는 1,000만 원으로 IRP 계좌를 통해서(배당세금 이연됩니다) 투자를 시작하기로 2024년 말에 마음먹었습니다. 2024년 12월 30일에 종가로 포트폴리오를 구축하기로 하였습니다. 국내 주식 50%, 국내 채권 30%, 해외 주식 10%, 해외 채권 10% 투자를 생각했습니다. 국내 주식/채권을 코어로 생각했고, 아직 해외 투자에 대한 경험이 많지 않던 A는 해외 투자는 보수적으로 했습니다. 환율도 당시에 1400원대 후반대였기 때문에 원화 약세가 더 진행되지 않겠다라고 생각을 했습니다. 그래서 해외 채권 투자 상품은 환헤지형을 투자했습니다.

2025년 말에 A의 포트폴리오는 어떻게 변화했을까요?

투자 자산	투자 종목	2024년 말			
		24년 말 주가	매입주수	매입금액	비중
국내 주식	RISE 200	32,280	155	5,003,400	50%
국내 채권	KODEX 종합채권 (AA-)이상 액티브	115,845	26	3,011,970	30%
해외 주식	TIGER 미국S&P500	21,905	45	985,725	10%
해외 채권	ACE 미국30년국채 액티브(H)	7,815	128	1,000,320	10%

※ 최초의 포트폴리오는 국내 투자 80%, 해외 20%를 하며 '전체 주식:채권' 비중을 '6:4'로 가져가는 구성입니다. 주식의 상승세를 추종하면서 일부 리스크 관리를 하는 포트폴리오 입니다.

투자 자산	투자 종목	2025년 중	
		연분배	분배금총액
국내 주식	RISE 200	860	133,300
국내 채권	KODEX 종합채권(AA-)이상 액티브	1,727	44,902
해외 주식	TIGER 미국S&P500	243	10,935
해외 채권	ACE 미국30년국채액티브(H)	304	38,912

※ 2025년 한 해 동안 발생한 분배금은 228,129원으로 약 2.28%의 분배율을 기록하였습니다. 현금이 급하게 필요하지 않은 투자자로서 분배율이 높지 않은 종목들 위주로 포트폴리오를 구성하였기 때문에 분배율이 낮으나 주식/채권의 가격상승에 대한 수익은 그대로 확보가 가능한 포트폴리오 입니다.

투자 자산	투자 종목	2025년 말			
		주가	보유주수	규모	비중
국내 주식	RISE 200	61,280	155	9,498,400	65%
국내 채권	KODEX 종합채권(AA-)이상 액티브	114,575	26	2,978,950	20%
해외 주식	TIGER 미국S&P500	24,750	45	1,113,750	8%
해외 채권	ACE 미국30년국채 액티브(H)	7,680	128	983,040	7%

※ 2025년 말이 되고 보니 국내 주식 투자 ETF가 주가가 크게 상승하여 초기와는 많이 다르게 되었습니다. 국내 투자 84%, 해외 16% 정도로 국내/해외 비중의 차이는 크지 않으나 '전체 주식:채권' 비중이 '72:27' 비율로 10% 이상 어긋나게 되었습니다. 처음 생각한 포트폴리오보다 주식 비중에 대한 투자 비중이 높아 주식 하락 시 포트폴리오 손실이 더 클 수 있습니다.

리밸런싱 이후

투자 자산	투자 종목	2026년 초				
		주가	매매	보유주수	규모	비중
국내 주식	RISE 200	61,280	-35	120	7,353,600	50%
국내 채권	KODEX 종합채권(AA-)이상 액티브	114,575	13	39	4,468,425	30%
해외 주식	TIGER 미국S&P500	24,750	15	60	1,485,000	10%
해외 채권	ACE 미국30년 국채액티브(H)	7,680	66	193	1,482,240	10%

※ 연초에 다시 초기에 계획했던 수준으로 포트폴리오를 조정하였습니다. 분배받았던 금액까지 재투자로 투자하였습니다. 초기에 생각했던 수준으로 포트폴리오 운용을 하게되었습니다.

그림 6-3 투자자 A의 포트폴리오 변화

  ETF의 시대 — 왜 아직도 종목 고민을 합니까

그림 6-3을 보면 A는 2024년 말에 1,000만 원으로 일반 계좌에서 포트폴리오를 구축했습니다. 연중에 배당이 약 20만 원 정도 나왔으나, 재투자를 하지는 않았습니다. 2025년은 국내 주식의 상승이 크면서 2025년 말에는 전체 투자 포트폴리오는 1,480만 원이 되었습니다. 무려 48%의 수익률을 기록한 성공한 투자의 해였습니다. 2025년 말 A는 포트폴리오를 다시 보니 국내 주식이 50%에서 64%로 비중이 크게 증가했습니다. 반면 국내 채권을 비롯한 나머지 투자 비중은 축소되어있습니다. A는 1년 동안 투자 성향이 바뀌지 않았습니다.

그래서 다시 처음 투자를 했던 국내 주식 50%, 국내 채권 30%, 해외 주식 10%, 해외 채권 10%로 가려고 합니다. 그래서 국내 주식을 35주를 매도하고, 국내 채권 13주, 해외 주식 15주, 해외 채권 66주를 각각 매수했습니다. 다시 원래 생각했던 수준으로 비율이 갖춰졌습니다.

가격 상승폭이 클수록 리밸런싱하는 금액이 커집니다. 이러한 리밸런싱 규모를 줄이기 위해서는 주기적으로 하면 됩니다. 또한 리밸런싱 주기를 짧게 하면 됩니다. 분기/반기/연 단위로 일반적으로 하는 것이 좋습니다.

리밸런싱 2단계

　1년 사이에 투자에 대한 자신감이 생기고 주식 투자로 높은 수익률에 대한 관심이 커진 투자자 A가 만약 리스크에 대한 감내 기준도 높아졌다면 국내 주식 비중을 조절할 수 있습니다. 핵심 전략을 80%로 유지하면서 '국내 주식 60%/국내 채권 20%'로 바꿀 수도 있습니다. 또한 해외 주식 일부를 특정 섹터 ETF에 대한 비전이 좋다고 생각하여 바꿀 수도 있습니다. 리밸런싱은 기계적으로 기존에 세팅한 숫자로 바꾸는 것이 아니라 투자에 대한 안목이 넓혀짐에 따라 유연하게 바꿀 수 있는 것입니다. 투자안에 대해서 점검하고 좀 더 투자안을 고치려고 할 필요가 있다는 것입니다.

　신규 상장되는 ETF에서 투자할 만한 상품들을 보고(신규상장 ETF는 각 운용사들이 최신 트렌드에 맞춘 상품들을 내는 경우가 많습니다) 투자에 대한 검토를 해야 합니다. 투자자가 놓치고 있는 돈의 흐름이 있을 수 있는데 이를 공부할 수 있는 좋은 기회가 됩니다.

03

ETF로 투자하는 세상

금융시장의 변동성이 나날이 커지고 있습니다. 개인 투자자들이 특정 개별 종목을 선별하여 지수수익률을 초과하는 성과를 거두는 것이 더욱 어려워졌습니다. 정보의 비대칭성, 알고리즘 매매의 확산, 패시브 펀드로 인한 수급의 불균형, 글로벌 거시경제의 불확실성, 정치적 이슈의 발발 등은 개별 기업이 가진 위험을 더욱 크게 만듭니다.

ETF의 핵심가치

지금까지 이 책에서는 투자 수단으로 ETF가 가지는 장점, 투자 방법, 포트폴리오 구성 등에 대해서 다루었습니다. 마무리로 개별 종목 투자가 개인 투자자에게는 어려운 이유를 살펴보고, ETF가 단순한 투자 수단을 넘어 구조적으로 좋은 전략적 선택인지를 분석하고 그 핵심적인 가치에 대해서 알아보겠습니다.

● 개별 종목 투자의 어려움

많은 투자자가 '제2의 엔비디아', '제2의 테슬라'를 꿈꾸며 개별 종목에 집중 투자합니다. 레버리지 상품까지 투자하며 높은 수익률을 추구하고자 합니다. 그러나 통계적으로 개인 투자자가 시장 지수(S&P 500, 코스피 200 등)를 지속적으로 상회할 확률은 10% 미만에 불과합니다. 그 이유는 다양합니다.

개별 종목 투자는 다양한 정보가 필요합니다. 일반적으로 해당 기업의 경영진, 재무 상태, 산업 내 경쟁력 등 기업 특유의 요인 분석이 필요합니다. 또한 향후 성장성과 현재 보유한 자산, 자본지출 등도 분석해야 합니다. 하지만 개인 투자자가 접근할 수 있는 정보는 제한적입니다. 또한 기업에서 발생할 수 있는 횡령, 배임 및 갑작스러운 실적 악화 또는 상장폐지와 같은 위험에 노출되어 있습니

　ETF의 시대 — 왜 아직도 종목 고민을 합니까

다. 기술적 도태로 시장에서 사라진 코닥(디지털 카메라), 노키아(스마트
폰)와 같은 기업이 있습니다. 또한 클로드Claude와 같은 AI 소프트웨
어의 등장으로 인해 구독 서비스를 제공하는 회사들의 주가가 하락
하기도 하였습니다. 정부의 예고치 못한 독과점 규제나 대규모 리
콜 사태는 주가를 단기간에 큰 폭으로 하락하게 만들 수 있습니다.

기관 및 외국인 투자자와 비교했을 때 개인 투자자는 정보 획
득 속도와 분석 능력은 절대적으로나 상대적으로 부족한 점이 많
습니다. 유료 경제 정보 단말기, 기업 탐방, 컨퍼런스 콜 질의응답
등 정보 접근의 질적인 차이가 결국 수익률의 격차로 이어집니다.
또한, 심리적인 면도 크게 작용하는데, 자신이 보유한 종목에 대
해 과도한 애착을 갖는 '보유 효과Endowment Effect' 또는 '확증 편향
Confirmation Bias'이나 하락장에서 손절매를 하지 못하는 '손실 회피
편향Loss Aversion' 등의 심리적 오류가 대표적입니다. 이와 같은 현
상은 개별 종목 투자에서 빈번하게 발생하게 되고 이는 결과적으로
장기 투자 수익률을 떨어뜨리는 결과를 가져옵니다.

개인투자자가 이러한 상황을 극복하기 위해서는 '의지'가 아닌
'시스템'에 의존해야 합니다. 그 중에 하나가 ETF 투자의 핵심가치
로 연결됩니다. 분산 투자입니다. ETF는 분산 투자를 기본으로 하
고 있기 때문에 개인투자자에게 개별 주식의 변동성과 리스크도 분
산이 되기 때문에 안정감을 줄 수 있습니다.

안정감이 생기면 개인 투자자에게는 장기 투자가 가능합니다. 주식이 상승한다고 일정 수준에서 이익을 실현하거나, 주식이 하락한다고 팔지 않고 계속 버티는 식의 단순한 투자패턴에서 벗어나야 합니다. ETF를 통해 지수 전체에 투자하여 주가가 상승하는 큰 흐름의 수익을 추구하고(Core전략) 시장 흐름에 맞춘 특정 ETF에 (Satellite 전략) 투자를 리밸런싱하여 운용하면 그러한 패턴에서 벗어날 수 있습니다. 추가적으로 개인 투자자가 시장 변동성 확대로 인해 리밸런싱/포트폴리오 조절이 필요하다고 판단하는 경우에는 즉흥적으로 매매를 하기보다는 객관적인 데이터와 매매 규칙을 확립할 때 비로소 개인투자자는 시장의 거친 파도 속에서 수익이라는 결실을 맺을 수 있을 것입니다.

대표지수(코스피 200, DOW JONES 30, S&P 500, 나스닥 100)는 전체 상장 주식 중에서 일정 조건을 만족하는 기업들로만 이루어져 있습니다. 이는 우량한 기업은 남고, 도태되는 기업은 자연스럽게 지수에서 빠지는 조정작업(리밸런싱)이 이루어지는 것을 의미합니다. S&P 500 구성 종목은 매년 약 15~25개 종목의 교체가 이루어집니다. 파산해서 나간 기업도 있지만, 성장이 정체되어 지수 산출 기준(시가총액 등) 미달로 퇴출된 경우가 더 많습니다. 또한 기술혁신의 주기가 빨라짐에 따라 향후에는 종목 교체수가 더 늘어날 것이란 전망이 많습니다. 투자자의 입장에서는 S&P 500이라는 같은 지수에 투자하지만 이러한 지수 리밸런싱을 통해 우량한 기업에만 투자하게

   ETF의 시대 ― 왜 아직도 종목 고민을 합니까

위험요소	개별종목 투자	ETF 투자
개별기업 변동성	100% 위험요소 반영	해당 종목 비중만큼만 반영 → 이후 지수 내 편출 시 자동교체
트렌드 변화	개별종목/산업 특성 하나씩을 투자자가 공부해서 교체	지수 리밸런싱을 통해 유망주/우량종목 자동 교체
감정적 매매	감정에 따른 매매가능성 높음	장기 투자 용이

그림 6-4 개별종목 투자와 ETF 투자 비교

됩니다. ETF를 통한 대표지수 투자는 ETF 내에서 지수 리밸런싱에 맞춰 운용사가 실제 포트폴리오를 조정하게 됩니다. 교체에 따른 타이밍이나 비용 등을 개인이 직접 할 때보다 효율적으로 할 수 있습니다. 이를 그림 6-4에서 비교하였습니다.

개별 종목 투자가 주는 '대박'의 환상은 매력적입니다. 특히 최근 몇 년 사이에도 수십배 수백배 오른 개별 종목이 있습니다. 그러나 그 이면에는 회복 불가능한 손실 위험이 도사리고 있다는 것을 명심하기 바랍니다. 높은 수익률이 있는 곳에는 항상 높은 위험이 있습니다. 반면 ETF 투자는 안정적인 변동성 관리, 낮은 비용 그리고 검증된 시장 수익률을 제공합니다. 이는 개인투자자가 장기적으로 성공할 수 있는 가장 확실한 경로라는 점을 명심하고, 오늘도 투자를 통해 미래를 성공적으로 대비하길 바랍니다.

ETF를 선정하는 방법

개인투자자는 핵심(Core) 전략에 속하는 부분으로 주식/채권의 대표 지수에 투자하는 게 좋습니다. 위성(Satellite) 전략은 시장환경에 따라 투자 종목을 선정해야 합니다. 그러면 어떤 ETF에 투자를 해야 할까요?

위성 전략 ETF 고르기

최근 변동성이 커진 시장에서 우리가 바라고 생각하는 수익률은 과거보다 높아졌습니다. 하지만 가격이 크게 하락할 위험성도 그만큼 높아졌습니다. 이러한 변동성은 투자를 할 때 가장 고민되는 부분입니다. ETF는 분산 투자를 통해 가격의 변동성을 낮춥니다.

과거에 비해서 유망한 섹터에서 우월한 위치를 차지한 종목 위주로 투자하는 ETF들이 있습니다. 그림 6-5에서 보듯이 'Top10'과 같은 이름을 만들어 해당 섹터 상위 10개에 투자하는 ETF는 종류도 많고 규모도 큽니다. 이름에 'Top10'이 들어간 ETF는 2026년 3월 현재 58개입니다. 순자산총액 2천억 원 이상만 하더라도 21개입니다. 이러한 추세가 최근에는 과점적인 섹터를 중심으로 Top2까지 종목을 간소화했습니다. 국내 반도체 산업은 삼성전자, SK하이닉스가 독보적 위치를 차지하는 Top2이기 때문에 두 종목의 비중을 최대한으로 편입하는 ETF들이 있습니다. 글로벌 비만 치료제도 비슷합니다. 2개의 회사(노보노디스크_위고비, 일라이릴리_마운자로)가 과점 시장을 형성하고 있어 이러한 섹터에서는 Top2 ETF 등이 출시가 되었습니다.

종목코드	종목명	순자산총액 (억 원)
396500	TIGER 반도체TOP10	85,800
381170	TIGER 미국테크TOP10 INDXX	37,306
292150	TIGER 코리아TOP10	23,694
488080	TIGER 반도체TOP10레버리지	14,247
466940	TIGER 은행고배당플러스TOP10	9,982
494670	TIGER 조선TOP10	9,266
498410	KODEX 금융고배당TOP10타겟위클리커버드콜	6,421
364980	TIGER 2차전지TOP10	5,574
483280	KODEX 미국AI테크TOP10타겟커버드콜	5,429
0080G0	KODEX 방산TOP10	5,342
474220	TIGER 미국테크TOP10타겟커버드콜	4,856
0023A0	SOL 미국양자컴퓨팅TOP10	3,975
472170	TIGER 미국테크TOP10채권혼합	3,224
433500	ACE 원자력TOP10	3,169
472160	TIGER 미국테크TOP10 INDXX(H)	2,975
481190	SOL 미국테크TOP10	2,926
485540	KODEX 미국AI테크TOP10	2,762
364970	TIGER 바이오TOP10	2,751
0093A0	RISE AI반도체TOP10	2,589
0089D0	KODEX 금융고배당TOP10	2,483
0047A0	TIGER 차이나테크TOP10	2,434

그림 6-5 TOP10이 이름에 들어간 ETF (순자산총액 순)
(출처 : data.krx.co.kr, 2026년 3월 19일 기준, 단위 억 원, 순자산총액 2천억 원 이상)

    ETF의 시대 — 왜 아직도 종목 고민을 합니까

이렇게 특정한 섹터의 기업에 투자하는 ETF가 있기 때문에 어떤 섹터가 향후에 수익률이 좋을까에 대한 고민이 필요합니다. 그러기 위해서는 다음과 같은 몇 가지 분석의 단계가 필요합니다.

1. 현재 금융 환경 분석

투자는 기간이 중요합니다. 투자 기간에 따라 투자한 자산의 수익률 변화에도 견딜 수 있는 부분이 있습니다. 포트폴리오 관점에서 기업이 속한 섹터가 장기적으로 안정적 수익을 낼 수 있는 구조가 되기까지는 일반적으로 시간이 소요됩니다. 그래서 일정기간 투자를 해야 합니다.

중기적 관점에서 투자에 성공하기 위해서는 현재 경제 주기(기준금리, 물가, 성장률)가 어느 국면에 있는지 확인을 해야 합니다.

우선 한국은 2026년 3월 현재 기준금리는 동결기조를 유지하고 있으며 물가는 2%대 수준에 있으면서 한국은행의 목표치 수준에 있습니다. 성장률은 2026년 약 2%의 성장률을 예상하고 있습니다. 물가는 전쟁의 여파로 향후 상승할 가능성이 있으며, AI와 반도체라는 강력한 수출동력으로 인해 성장률은 더 높아질 가능성도 있으나, 환율 및 유가의 영향으로 부정적인 요소도 상존하고 있습니다. 정책적으로는 정부의 기업 밸류업 정책이 본격적으로 시행되고 있습니다.

미국을 비롯한 전 세계 경제 상황을 살펴봅시다. 미국은 금리 인하 기조 아래 있습니다. 물가는 현재는 안정적이나 미국-이란 전쟁으로 인해 향후 상승할 가능성이 높습니다. 미국에서는 기준금리 인하 가능성이 여전히 높으나 3월 FOMC에서는 기준금리 인상에 대해서도 논의가 있었습니다. 일본, 호주나 유럽은 기준금리를 인상을 할 가능성이 높아지고 있습니다. 성장률보다는 물가상승에 대한 우려가 커지고 있습니다.

현재의 상황을 과거의 사례 등으로 감안하여 분석하면 일반적으로 다음과 같은 섹터 투자가 유리합니다.

물가상승이 나타나게 되면 원자재와 같은 섹터가 돈의 가치 하락을 방어해 줍니다. 필수 소비재 등은 가격이 올라도 수요가 크게 줄지 않아 상대적으로 성과가 좋을 수 있습니다.

2. 주도 테마 분석(섹터 분석)

AI의 발전으로 인해 2025년 4분기부터 반도체 등을 활용한 투자가 본격화되기 시작하였습니다. 국내 반도체 기업들의 수출이 확대되고, 이익이 예상치를 크게 상회할 것으로 전망되면서 코스피는 크게 상승하였습니다. 이는 기존과는 다른 산업의 흐름을 패러다임을 바꾸는 변화가 일어나고 있다는 의미입니다. 이전 파트에서

　　　　ETF의 시대 — 왜 아직도 종목 고민을 합니까

언급했듯이 2026년 CES에서는 단순 소프트웨어 AI를 넘어 피지컬 AI(휴머노이드, 자율주행)로 세계 시장의 관심사가 확대되었습니다. 2026 GTC^{GPU Technology Conference}에서는 AI의 향후 발전에 대한 이야기가 오갔습니다. 당분간 AI 반도체 관련한 수요는 꾸준히 이어질 것으로 기대됩니다. 이러한 반도체를 활용하게 되면 전력도 많이 필요하게 됩니다. 그래서 전력인프라 관련 산업도 호황 가능성이 높습니다.

3. ETF 검색하기

거시경제에 따른 분석과 섹터 분석을 통해서 어떠한 곳에 투자하면 좋을지에 대한 힌트를 얻었습니다. 약간은 상반된 거시경제와 섹터 투자의 환경에서 어느 곳이 좀 더 성과가 좋을지에 대한 판단을 내려야 합니다. 2026년 3월 기준으로 전쟁으로 인한 변동성이 큰 점은 매크로 기반으로 투자 시 여러 변수에 노출되어 있는 상황입니다. 상대적으로 기업들의 투자가 이어질 수 있어 섹터 투자가 더 성과가 좋을 것으로 예상합니다. 그래서 반도체와 AI 인프라, 첨단산업, 휴머노이드 등에 집중하는 위성 전략 포트폴리오가 2026년에는 유효한 전략일 가능성이 높습니다.

ETF Check나 data.krx.co.kr 사이트에서 'AI 반도체'를 검색하면 상위종목으로 그림 6-6과 같이 검색이 됩니다. AI 반도체는 기

종목코드	종목명	순자산총액 (억 원)
395160	KODEX AI반도체	23,510
455850	SOL AI반도체소부장	10,984
469150	ACE AI반도체TOP3+	5,484
471990	KODEX AI반도체핵심장비	4,629
0093A0	RISE AI반도체TOP10	2,670
471760	TIGER AI반도체핵심공정	2,063

그림 6-6 반도체 ETF (출처 : data.krx.co.kr, 2026년 3월 19일 기준, 2,000억 원 이상)

존의 반도체 ETF에 비해서 좀 더 AI에 대해서 수혜를 받는 세부 섹터Sub-sector에 집중 투자하는 것입니다.

그림 6-7은 'AI 전력'으로 검색한 종목들입니다. AI 반도체를 활용해서 데이터센터 등을 짓게 되면 막대한 전력을 필요로 하게 됩니다. 이럴 경우 관련된 기업의 매출이 상승할 가능성이 높습니다. 그래서 전력 관련주에 대한 관심도도 높아질 것입니다.

그동안의 AI는 주로 업무환경의 개선 기존 것들에 대한 편의성 제공이었습니다. 그러다 생성형 AI가 시장에서 주목받으면서 인공지능의 혁신이 일어나게 되었고, 이제는 자연스럽게 피지컬 AI로 트렌드가 바뀌고 있습니다. 피지컬 AI란 현실에서 스스로 판단하고 행동하는 AI입니다. 대표적인 예가 휴머노이드 로봇입니다. 휴

   ETF의 시대 ─ 왜 아직도 종목 고민을 합니까

종목코드	종목명	순자산총액(원)
487240	KODEX AI전력핵심설비	1,894,995,592,949
487230	KODEX 미국AI전력핵심인프라	1,419,945,928,952
0117V0	TIGER 코리아AI전력기기TOP3플러스	602,601,710,035
491010	TIGER 글로벌AI전력인프라액티브	494,747,373,012
486450	SOL 미국AI전력인프라	255,582,407,567
0101N0	RISE AI전력인프라	215,043,538,170
0123G0	TIGER 미국AI전력SMR	196,057,338,085
491820	HANARO 전력설비투자	121,976,437,303

그림 6-7 AI 전력 관련 ETF (출처 : data.krx.co.kr, 2026년 3월 19일 기준)

머노이드(인간의 모습을 형상화한) 로봇이 우리 가까이 다가왔습니다.

휴머노이드 로봇과 관련해서는 한국, 미국, 중국 3국이 세계에서 가장 뛰어난 기술력을 가지고 있습니다. 관련 분야 산업도 발달이 잘 되어 있고, 관련 기업도 많이 있으며, 이러한 곳에 투자하는 ETF도 그림 6-8과 같이 다양하게 상장되어 있습니다.

시장 환경 분석을 통해서 현재의 경제 상황에 대한 확신이 있다면 그에 맞는 매크로 환경에 어울리는 상품에 투자해야 합니다. 향후 특정 산업군에 대한 발전 가능성이 더 매력적으로 보인다면 그 섹터 관련 ETF를 찾아보기 바랍니다. 다양한 ETF에서 PDF 검색을

종목코드	종목명	순자산총액 (억 원)
0148J0	TIGER 코리아휴머노이드로봇산업	6,007
0053L0	TIGER 차이나휴머노이드로봇	3,906
0038A0	KODEX 미국휴머노이드로봇	3,098
0048K0	KODEX 차이나휴머노이드로봇	2,347
0036R0	RISE 미국휴머노이드로봇	998
0035T0	PLUS 글로벌휴머노이드로봇액티브	994
0155N0	HANARO K휴머노이드테마TOP10	292

그림 6-8 휴머노이드 로봇 ETF 리스트 (출처 : data.krx.co.kr, 2026년 3월 19일 기준)

통해 기업별 투자 비중을 확인하고 자신의 생각과 잘 맞는 상품에 투자하면 됩니다. 그러면 다양한 시장 환경에서도 투자자가 생각하는 수준의 안정적인 수익률을 확보할 수 있을 것입니다. 끊임없는 공부를 통해 투자에서 성공하길 기원합니다.

ETF의 시대 — 왜 아직도 종목 고민을 합니까